重慶大廈
CHUNGKING MANSIONS
九龍尖沙咀彌敦道36-44號
36-44 Nathan Road, Tsim Sha Tsui, Kowloon
香港

沖縄

Brand's
A1
Sauce
240g 8½oz net
和風
ソース
JAPANESE
SAUSE
B·B·Q
SAUSE
ごまドレッシング
SESAME
COWBOY
M
R
Coca-Cola
IN BOTTLES 5

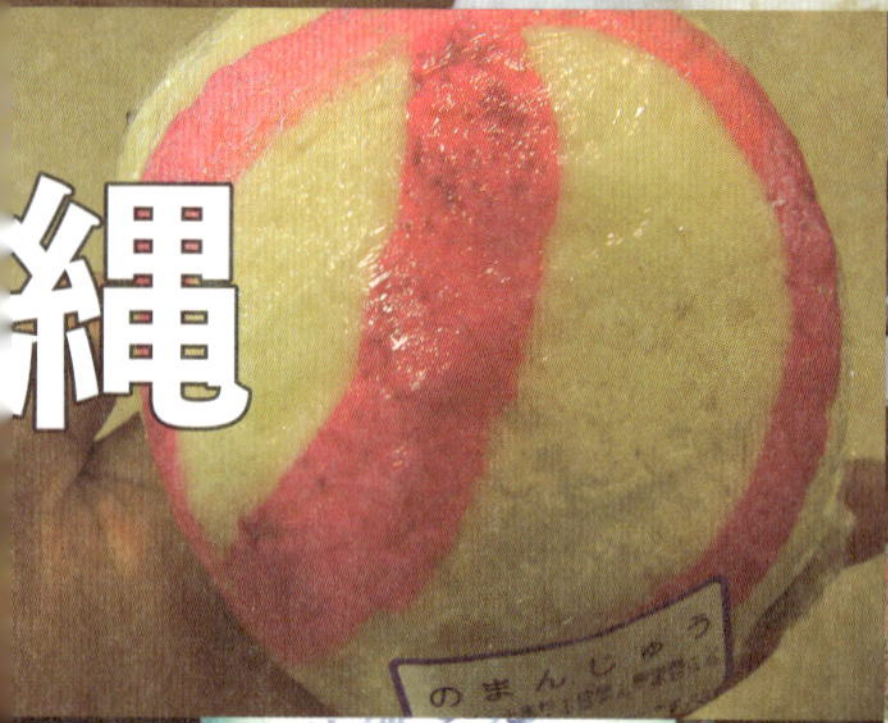
のまんじゅう

沖縄そば
400円
軟骨ソーキ入り
沖縄そばミニ牛丼セット
沖縄そばミニカレーセット
550円
550円
どん亭スペシャル
おすすめメニュー
650円
牛丼

森永
ヨーゴ
乳酸菌飲料

はじめに

いざ、大日本定食旅へ

定食好きが昂《こう》じて定食評論家となったのが私である。

当たり前のように定食を長いあいだ食べつづけていると、次第にその文化的側面がとても気になるようになってきた。歴史的な経緯もそうだが、日本の国内さらには海外にどう広がっていったかということに大きな興味を抱くようになったのだ。

大学時代はヨーロッパやアジアなどに毎年出かけていたが、社会に出て定食研究に邁進するようになってからはなかなかそれも叶わずにいた。世の中の人々と同様、私は昼間に毎日東京で仕事があることもあり、そうホイホイと長期休暇をとって海外になんか行けやしない。いざ出かけるにしても、行き先が海外となれば1泊2日というわけにはいかず、数日は家を空けることとなる。となると、その間家族はほったらかしになって

しまう、という問題が生じてくる。

さてどうするか。そうだ、海外の定食取材を家族旅行にしてしまえばいいのだ！　さいわい、子どもたちの長期休暇に合わせて春と夏には1週間程度の休みがとれる。みんな旅行はわりと好きだし、食事のときだけ少し協力してもらえばいい。おお、なんとすばらしい解決方法じゃないか。わが家には娘がふたりいるが、２００６年くらいになると、下の子も幼稚園に入り、なんとか負担なく旅行ができるようになってきた（家族旅行において、子どもの年齢はかなり大事だ）。

かくして、翌07年春のソウルから、私と家族の海外定食旅行は幕を開けた。

もっとも、「海外旅行＆定食旅行」と考えているのは私だけで、家族は単に「海外旅行」だと思っていたのか、時折不協和音が生じることもある。「えーっ、また定食を食べるの？」「子どもの写真より食事の写真が多いのはどういうこと？」と3人の女性からツッコミが入るのだ。

しかし、家族とともに旅をすることによって見えてきた「もの」も少なくなく、結果

としては大変よい研究成果となった。なにより、異国の雑踏を家族みんなしてふらふらと歩き回ることの楽しさを共有できたことは、私にとっても大きなシアワセだった。

ということで、本書は、家族とともに旅をした07年から12年の海外定食調査&家族旅行の記録である。アジアを旅すると「今」だけでなく、当然色濃く「過去」も立ちのぼってくる。旧植民地の記憶や太平洋戦争の爪痕だったり——そんな過去についての思いも記録として残した。ゆえに本稿題に「大日本定食」という言葉を使ってみた。「ダイニッポンテイショク」と声に出して読むと、ちょっとおかしいですよね。

全体としては気楽な旅行記だが、そんな「過去」にも思いを馳せた記録としてお読みいただければ幸いである。

2015年早春　東京都町田市の自宅にて

今柊二 記す

装丁：セキネシンイチ制作室

定食ツアー　家族で亜細亜

もくじ

はじめに——いざ、大日本定食旅へ……1

ソウルぱくぱく定食ツアー……9

江南《カンナム》（蚕室《チャムシル》・三成《サムソン》）編——2007年春……10

市庁・明洞《ミョンドン》・鐘路《チョンノ》・仁寺洞《インサドン》編——2011年春……32

高速ターミナル・明洞《ミョンドン》・新沙洞《シンサドン》（カロスキル）編——2012年春……67

〈コラム1〉外食と衛生思想——日帝時代の京城《けいじょう》……102

〈コラム2〉親切で子ども思いの韓国人……105

台北ほくほく定食ツアー……107

懐かしの台湾で大食事紀行――2008年夏……108

〈コラム〉台北古本事情　1996……145

シンガポールどきどき定食ツアー……151

はじめての国へ寄せる期待感――2009年春……152

〈コラム〉キャセイビルと作家たち……186

バンコクわくわく定食ツアー……189

日暮里発バンコク行き――2009年夏……190

〈コラム1〉バンコクで買った「日本食」の本たち……215

〈コラム2〉バンコクといえば下川裕治さん……218

〈コラム3〉日本映画のＤＶＤとＶＣＤ……219
〈コラム4〉日泰の深い関係……220

香港うまうま定食ツアー……223

うごめくアジアの混沌《こんとん》に惹かれて――２０１１年夏……224
〈コラム〉現代パック旅行についての考察……273

沖縄つれづれ定食ツアー……275

アジア定食の聖地、ここにあり――２００８年春……276
〈コラム〉おすすめ沖縄定食本……309

おわりに――定食を伝えていった波……313

参考文献……316

※本文中に掲載のデータ(飲食店等の名称、所在地、メニュー、値段など)は取材当時のものです。ご了承ください

ソウルぱくぱく定食ツアー

1910～1945年の日韓併合時代を含め、近現代の日本と深くて複雑な関係を持つ韓国。長い目で見てもお互いに好きなのか嫌いなのかさっぱりわからない。ところが旅行者として訪問すると、買い物の楽しさ、既視感のある街の風景、そして食べ物の共通性などでじつにワクワクする。人々は親切で、家族で訪れても大変気持ちのよい旅ができるが、その背後には「往年の日本」と「今の日本」の影響が見え隠れする。「定食」の影響を中心に、旅行のなかで追いかけてみた。

江南《カンナム》（蚕室《チャムシル》・三成《サムソン》）編——2007年春

はじめて韓国に行ったのは、大学4年生の春休みのことだった（1990年3月）。まずは新幹線で北九州まで向かい、大学の友人で畸人《きじん》研究学会同人でともに活動していた黒崎犀彦の実家に泊まると、下関から出航する連絡船に乗って釜山《プサン》に渡った。その後は高速バスやセマウル号[※1]を乗りつぎ、あちこち見物しつつソウルにたどりついた旅だった。すべてが出たとこ勝負だったが、そのぶんスリリングでおもしろかった。釜山やソウルでは日本語も通じたが、慶州や安東ではなかなか日本語が通じない。ただし、身ぶり手ぶりを交えればなんとかコミュニケーションはとれることがわかったし、町の食堂に入ればごはんとおかずに汁がセットになった、日本で馴染みのあるスタイルの食事をとることができることもわかった。たとえば焼肉を頼むと、キムチやらナムルやらいろいろな小皿をサービスでたくさん出してくれる韓国の食文化も、そのときにはじめて知った。

その後、1年留年したのち社会人となった私は、会社の旅行で1回、結婚して妻と一緒に2回韓国を訪れた。食はもちろんのこと、その他いろいろな面において、やはり韓国がすこぶる

楽しい国であることに変わりはなかった。

結婚後しばらく経ったころ、私はにわかに定食研究に目覚めた。そして、いつしか定食評論家などと呼ばれるようになっていた。そんなあるとき、ふと思い出したのだ。韓国という国は定食的に見ても魅力的な要素に満ちていたよなあと。そうそう、食堂でいわゆる「定食的」なものを食べていたじゃないか！　定食だけにとどまらず日本に由来する食べ物もかなりあったよな、うどんとかさ……。そんなことを考えていると、あらためてまた彼の地を訪れたくなってきた。

しかし、あのころとはちがって今では社会人としての立場もずっと責任が増している。「定食を食べる」だけの目的でわざわざ仕事を休んで単身ひょこひょこと海外へ行くのは気もひける。しかも、今の私には小さな娘がふたりもいる。それでもどうしても海外で定食研究をしようとするなら、仕事はなんとか休むとしても、妻と娘たちを同伴しないわけにはいくまい。

妻はもともと海外旅行が好きなほうだったのだが、子どもが小さいうちはそれも我慢していた。だから、上の子が小学校に上がってからは、「どこか行こうよ〜」と妻が私のそばで囁《ささや》く回数が増えていった。そして上が8歳（小2）、下が4歳（幼稚園の年少組）になったころ、これなら海外旅行もなんとか大丈夫かなと私も思えるようになった。くわえて、韓国なら妻も私も以前訪れているからおよその按配もわかる。はじめて家族で出かける海外旅行先として、打ってつけの場所といえるだろう。

そんなわけで子どもたちの夏休みに合わせ、定食研究を兼ねた3泊4日のソウル家族旅行を敢行することになった。はじめての家族旅行ということもあり、旅行会社のフリーパックプランを選択した。滞在するのは漢江《ハンガン》の南、いわゆる江南、蚕室と三成のみ。というのも、今回の旅のもうひとつの大きな目的は、ロッテワールドで子どもたちが遊ぶことだったからだ。観光のプログラムは少なく、ほぼフリーなプランなので、「定食調査」にあてる時間も充分にとれそうだ。楽しみである。

※1 韓国の高速鉄道。セマウルとは「新しい村」という意味

夜中に忠武《チュンム》キムパッを食べる

パックプランには、到着した日の夕食時だけ食事が含まれていた。いくつかのメニューから選択できたので豆腐チゲにしたが、これが豆腐と葉っぱしか入っていない鍋で、付け合わせの小皿のキムチ、カクテキ、ナムル、ワカメの茎も含めて全体的に「むむ……」という味だった。満足感がまったく得られなかったので、ホテルに到着するや、深夜零時まで営業している

近くの〈ロッテマート〉という巨大スーパーに出かけた。

　ちなみに今回のホテルはロッテワールドに隣接したロッテホテルソウルチャムシル（蚕室）といって、なかなか豪華な造りをしている。ツアーガイドのお姉さんがとても気のきく人で、子どもたちが一緒なんだからとフロントに掛け合い、彼女たちが泊まるツインルームのグレードをジュニアスイートに上げてくれた。もちろんふたりはご機嫌である。

　さて、巨大な〈ロッテマート〉だが、置かれている商品はどれもとても安く、滞在した4日間毎晩いそいそと出かけていった。結果として、わが家はスーツケース2個分の膨大な食料品を買い込むことになったのであった。

　惣菜売り場には日本のデパートのようなイートインコーナーがあり、回転寿司まであった。訪れたのが午後11時過ぎだったので、さすがにイートインは閉まっていたが[※2]、寿司のパックなどが安売りになっている。

　そのなかにあったのが、忠武キムパッ（海苔巻き）。釜山《プサン》近くの統営《トンヨン》市という港町で生まれた食べ物で、暑さで海苔巻きが傷まないようごはんと具が別々になったタイプだ。統営市はもともと忠武市という名前だったので、「忠武キムパッ」と呼ばれているらしい。そもそも考案したのはオ・ドゥリさんという日本帰りの女性で、１９４５年のことだった。その後81年にソウルで開催された歌謡祭や伝統芸術祭「国風81」で、そのオさんが紹介し、ソウルをはじめ韓国全体に知られたらしい。ちなみにこのあたりの事情については、鄭銀淑《チョン・ウンスク》さんの『韓国・下

細長いおにぎりともいえる美しい忠武キムパッ。ゴマの香ばしさがたまらない

町人情紀行』（朝日新書）に詳しい。食に対する愛情を感じるステキな一冊です。

忠武キムパッはぜひ一度食べてみたかったので迷わず購入し、ホテルに戻る。３４９０Ｗ《ウォン》だったが、タイムサービスで30％割引だったので、２４４３Ｗ。１００Ｗ＝13円程度（当時）だから、だいたい３２０円くらいだ。パックを開けると海苔巻きが10本と、おかずが2種類入っている。まずは海苔巻きを。韓国の海苔巻きは酢飯ではなく普通の白いごはんだ。海苔は油でコーティングされていて、ゴマが振られている。要は俵型おにぎりの変形版といった感じで大きさも手頃だから口にポイポイ入れやすい。付け合わせのおかずは大根キムチと辛いイカ。これがオーソドックスなようだが、ほどよい

辛さがおかず力を発揮してくれじつに頼もしい。ビールのおつまみにも合いそうだ。そのうえごはんまでしっかり食べられるしね。先述の通り忠武キムパプは日本から伝来したとの説が濃厚だが、このまま逆輸入販売したとしてもけっこう人気になるんじゃないかなと、イカをかじりながら思うのだった。ハワイのスパムおにぎりのようにね。

※2 翌日、もう少し早い時間に訪れると、まさに日本のデパ地下同様、少々身なりのいいおばさんやおじさんたちが回転寿司を食べていた

カニかまの普及について

学生時代の韓国旅行では、ソウルに到着するとたしか〈金鶏旅館〉という宿屋に泊まった。夜のつまみの買い出しにいった食料品店で、やたらと店主のおじさんが「つまみにはカニのかまぼこを買え！」と勧めてきたのを強烈に覚えている。カニのかまぼこは1973年に石川県のスギヨという会社が「かに風味かまぼこ」として発売し、それが韓国に渡って定着したらしい。子どものころ（70年代後半）、カニのかまぼこが私の住んでいた四国でも広く売られるようになり、母親がいたく気に入って自宅でもよく食卓に出てきた。ほの紅い身をぴっちりと包んだビニールを剥いてむしゃむしゃ食べていたなあ。そもそも四国でポピュラーなカニはワタ

カニかま大好き韓国人。私も大好きです！

リガニで、それはどちらかというとミソを食べるものだったから、新鮮な食感に驚いた。そんな少年時代の濃厚な思い出のせいか、今でも夜中にスーパーの〈サミット〉でときどき衝動買いしてしまう。コレ、たしかに酒のつまみとしても最高だからね。

　ともかく韓国の人たちはカニのかまぼこが大好きなようで、外へ何かを食べにいくとちょこちょここいつが入っている。〈ロッテマート〉でもさまざまなカニのかまぼこが売られていて、見ているとちょっと食べたくなってきたのでひとつ買ってみた。900Wは安いな。そしてじつに長い。日本のものの3倍以上の長さだ。よく考えると、韓国ではカニのかまぼこの最大の利用方法は海苔巻き（キムパッ）だから、ある程度長くないと不便なのだろう。部屋で缶ビー

ルを片手にビニールを剥いて食べてみる。値段のせいか、カニのかまぼこ特有の繊維質がほどけていくような食感が物足りないけど、まあかまぼことしてはイケルんじゃないの（？）という味で、なんだかんだ言いながら立て続けに2本食べてしまうのであった。

ようやく巡り合ったイカのバター焼き

じつは、かつて妻とふたりで出かけた二度の韓国旅行のうち1回目は新婚旅行だった。ホテルはソウル中心部のロッテホテルで、ロッテデパートとつながっており（ロッテワールドホテルも同様）、買い物にはとても便利である。あれは帰国を控えた前日だったか、食料品売り場をぶらぶらしているとデパートの入口付近にワゴンが出ていて、ロースターで焼いたスルメを売っているのが目にとまった。こう見えて無類のイカ好きでもあり、なにげなく買って食べてみると、なんだかイカのまわりがこってりした甘い風味になっていて、烈しくおいしい。それが何の味なのかわからなかったが、美味だった記憶だけが脳裏に刻まれた。次に韓国を訪れたとき、がんばってこのイカを探したのだが結局見つからなかった――。

さて旅行2日目。本日のミッションは、今回の旅で子どもたちがもっとも楽しみにしていたロッテワールドで丸一日過ごすことだ。ふたりの娘の背中を見送りながら、ぼーっとロッテワールドのなかを歩いていると（テーマパークではつねに気の抜けた顔をしているので、家族から

機械の前面にはピーナッツバターとあるが、
日本語表記ではバター焼きと書かれていた

よく叱られる）、さまざまな屋台というか食べ物のワゴンが視界に入る。そのなかの一軒がスルメを売っているのに気づいたときは、新婚旅行での強烈な記憶（こってりした美味なるイカの味）が一気によみがえりテンションが上がった。ちゃんとロースターもあるぞ。近くによって匂いを嗅いでみると、間違いなくあのイカだ。親切なことに日本語で〝イカのバター焼き〟と記してある。そうか！　バターが甘味のあるこってり感を担っていたのかと納得し、さっそく少々高価な2800Wを払い、早くくれとばかりに手を差し出す。カラフルな袋に入ったスルメを口に入れるとまだ温かく、あの日の味覚がパッと腔内に広がった。……ああ、

うまい！　ちょっと高いようにも感じるが、韓国の人たちもけっこう買っていたから、やはり味に中毒性があるのだ。ちなみに、韓国の人はイカ関係も好きで、のしイカなどもよく売られているが、ほぼ日本と同じ値段か、ひょっとすると少し割高である。〈お菓子の太子堂〉に行くとそっちのほうが安いという感じかな。ただ、味はうまいものが多いような気がする。

いずれにしても、このイカのバター焼き、日本でも売ってほしいなあ。ロッテ関係の場所でしか売ってないのかなあ。

ロッテワールドの韓国的洋食

ロッテワールドは、立地がいいせいかソウルの若者たちも気軽に遊びにくるようだ。蚕室《チャムシル》という地名からもわかるとおり、李朝時代には桑畑が広がり、蚕室《さんしつ》（養蚕施設）がたくさんあったそうだ。それが80年代以降江南《カンナム》の開発が進み、あたりには高層アパートがにょきにょきと増えた。ロッテワールドを東京ディズニーランドとすれば、蚕室は浦安か舞浜のようなものだろう。

もっとも、ロッテワールドはディズニーランドよりずいぶんカジュアルで、「こうらくえん」的といってもよい。そのため、ロッテワールドのレストラン〈ファウンテンプラザ〉には、観光客以外にもカップルなどがごはんを食べにきている。よくあるフードコートのスタイルで、

タクアンなどの漬物が付いてくる「洋食」

複数の異なる店舗の食べ物を持ち寄り同じテーブルで食べることができるのだ。

　私がここでまず注文したのは「オムライス　トンカツ付き」６０００Ｗ。まあ日本円で７００円前後でしょう。日本を経由した洋食がここ韓国ではかなり好まれているようで、オムライスもトンカツ（実際は「トンカス」と呼ぶ）も専門店が多く存在するらしい。そのふたつを欲張りなセットで食べることができるのだからお得だろう。コーンスープのようなものが付き、プレートの上にはキャベツとコーンを和えたもの（マヨネーズがかかっている）、オムライス、トンカツ、そしてキュウリとタクアンが並んでいる。

　まずはオムライスからぱくり。ああ、限りなくオムライスだ。日本のものとほとん

ど遜色のない普通のおいしさである。強いていえばごはんにさほどケチャップ感はなく、具としてソーセージが入っているがどこかスパム（SPAM）っぽい。なぜか、沖縄と韓国はスパムが好きだよな。ともに米軍統治の影響らしいが、日本の本土ではさほど普及しなかった。続治の濃さも影響しているのだろうか。今回はトライできなかったが、韓国にはこのスパムをメイン具材とした「部《ブ》隊《テ》鍋《チゲ》」という名物鍋もある。続いてトンカツだ。これもまことに安心できる日本的な味。ただ、とんかつソースではなくデミグラスソースがかかっている。少しデミの味が薄い。そのあたりがちょっと日本的ではない感じだ。日本的でないということなら、キュウリにしても、タクアンにしても、日本の漬物というより酸味の効いたピクルス的な味であった。ちなみにこのタクアン、韓国では和定食、洋定食系を問わず、ほとんどの料理に付いてくる。また薄ーいコーンスープも「むむむ……」と記憶に残る味だった。

食材の妙、石焼きビビンパ

単身ランチで定食研究をしているふだんとはちがい、家族で食べにいくと定食メニューが一度に複数注文できるのがじつにうれしい。ということで、ここではもう一品「石焼きビビンパ」を頼んでみた。妻と私で先の「オムライス　トンカツ付き」と併せ、それぞれ子どもと分け合いながら2人前を胃袋に収める。まだ小さい彼女たちは少々偏食ぎみでもあり、それほど多く

の量を食べられないのが残念といえば残念だが、それは欲ばりな定食評論家のわがままというものだろう。

現れた石焼きビビンパには小さな丼のうどんとキムチ、そしてタクアンがセットで付いていた。ビビンパの具材がまたオリジナリティにあふれている。別小皿にも添えられているのにタクアン、キムチが鎮座し、さらに天かす、海苔、カニかまぼこ（！）、とびっこなどが乗っている。そういえば見事に肉っ気はない（笑）。混ぜて食べると、とびっこのプチプチ感とタクアンのコリコリ感がマッチしてまさに食材の妙といった感じ。ここにマヨネーズをぶち込んだらさらに混沌《こんとん》として複雑なうまさになるのでは、と妄想がふくらむ。渾然一体となった独特の味わいを見せるビビンパに比べると、油揚げとかまぼこが乗ったうどんは悲しいくらいに迫力がないが、そのギャップもまた韓国的な定食のおもしろさなのかもしれないね。

COEX《コエックス》のフードコートで定食を

蚕室《チャムシル》から地下鉄2号線に乗って数駅いくと三成《サムソン》という駅にたどりつく。この街にはCOEXという巨大ショッピングモールが広がっている。1988年のソウルオリンピック以降、急速に開けたらしく、いやいやステキな街並みなのだ。日本でいうと豊洲かなあ。

3日目は子どもたちをここにある水族館へ連れていったのだが（まあ水族館はそれなりでし

たが）、インターコンチネンタルホテルもあるし、現代デパートもあるし、さらにはワールドトレードセンターもあるため、サラリーマンも多いようで、東京でいえば丸の内のような華やかさだ。巨大な書店「バンディアンドニルス」やＣＤショップ「アバンレコード」もありなかなか楽しい。

さて、噂には聞いていたが、ソウルの人たちが持っている携帯はずいぶんとカッコよく、当時から電話だけでなく情報端末として使いこなしている人が多かった。さらに書店では、どうやらバックナンバーか別冊付録をおまけに付けた女性雑誌が多数置かれていて、見るからに一冊が巨大で、取り上げてみると予想を超える重さだ。日本の女性誌もかなりのものだけど、それ以上だよ。マンガコーナーには翻訳された『ケロロ軍曹』が山と積まれていて、かなりの人気らしい。やはり徴兵のある国では「軍曹」などのキャラが出てくるマンガは受け入れられやすいのだろうか？

ショッピングモールにはいくつかフードコートがあるが、ぶらぶら歩いているとアッセムタワーの下にある〈アッセムフードコート〉に通りかかった。平日のランチタイムとあって、首からＩＤカードをぶら下げたサラリーマンたちがさまざまな定食物をわしわしと食べている。とてもおいしそうだ。すかさず、ここでお昼にしようよと家族に提案する。「ええ～」と妻は全面的には賛成しかねる色を見せたが、「ほら、いろいろ選んで食べられるし、このあと行くところでは食べるところもないかもしれないしさぁ」などと巧みにかき口説いて、無事ここで

食べることの了承を得た。このように彼女たちの説得さえうまくいけば、あとは理想的な定食研究を行うことが可能となるのだ。家族連れなので複数の定食を食べることもでき、言うことはない……もっとも、毎回この説得が成功するわけでもないんだけど（笑）。

・正統な石焼きビビンパ

〈全州ビビンパ〉で注文。6000W。ロッテワールドで食べたものとは異なり、こちらはまさに清く正しい感じで、ナムルや山菜などに卵黄も入っている。赤くて少し辛いスープとモヤシのスープ、キムチも付いている。柄の長いステンレスのスプーンでかき混ぜているうちに石焼きの熱で黄身にもしっかり火が通り、チャーハンとなっていく。食べ終わるまでアツアツで楽しめ、香ばしさも相俟《あいま》ってこれはおいしい。日本でも完全に定着している盤石な味わいだ。

・焼肉といえばプルコギ定食

同じく〈全州ビビンパ〉で出合ったのがこちら。子どもたちが焼肉を食べたいと言うのだが、このフードコートには焼肉屋らしき店が見あたらず、焼いた肉が食べられる定食はこれしかなかった。というより、COEXのなかに焼肉屋が発見できないのだ。トンカツ屋や和食の店、さらにはオムライス屋などはいっぱいあるのにね。日本人にとってはとてもフシギな話。

プルコギ定食、8000W。日本円で1000円くらいなのでそこそこ高級な定食だ。鉄板

に敷かれた野菜の上で肉がジュージューと焼けている。食べてみると、私にとっては甘辛くてなかなかうまい。ごはんは銀色をしたステンレス製の蓋付き容器に入っている。ビビンパと同じように2種類のスープと6種類のおかずが付いていて、かなり豪華な感じだ。おかずは、キムチ、黒豆、田作り、ウリの和え物のようなもの、魚の練り物の甘辛煮、そして玉子焼きだ。魚の練り物、つまりかまぼこの甘辛煮がとくにおいしかったが、いずれもおかず力に満ちていて、ごはんをさらに食べたくなったが、これだけおかずが充実しているとそれだけでおなかがいっぱいになってくるね。

しかし、焼き肉が食べたいというからせっかく注文したこの定食を、意外にも子どもたちはあまり食べずに箸を置いてしまった。イメージとちがっていたのだろうか……。しかたがないので、焼肉は夜、蚕室《チャムシル》に戻ってからロッテデパートの上

これだけおかずがあるとうれしいね。ステンレスの蓋を開けるとそこにごはん

「日本」を堪能できるうどん定食

の階にある〈李朝〉という焼肉屋に行ってリベンジすることにした。幼い娘にはまだまだ気を遣ってしまうなあ。

・不思議な天ぷらと寿司が付いたうどん定食

こちらは別の店、その名も〈東京庵〉という日本式うどんの店で注文した。6000W。この価格帯がどうやら標準的なようだ。で、これがじつにスバラシイ定食だった。まず、かまぼこ、ワカメ、ネギの入ったうどん、ごはん、そして天ぷらの揃い踏みである。この天ぷらがちょっと不思議な佇まいで、大葉、さつまいも、ニンジンまではわかるのだが、メインのエビ天は全身甲羅が付いたまま（エビフライならわかるけどね）。さらに、天ぷらと同じ皿の上に

はなぜか手巻き寿司が乗っている。ネタは定番のカニかまととびっこだ。これを別皿にちょっと盛られたワサビとゆるーい醤油につけて食べる。うん、まあまあおいしいな。おまけに「ニンニクの芽と小魚」「豆腐の玉子付け焼き」「カクテキ」「タクアン」のおかず4品が付いている。一食で日本食を堪能できるようにと考えられているのか、単に食欲旺盛な韓国サラリーマンのニーズに応えるべくこうなったのかはわからないが、とにかく満足度はかなり高い。

ロッテワールド同様、うどんはここでもやさしい味なので、子どもでも安心して食べられる。そういえば、彼女たちはあまり他のおかずには手を付けないで、うどんばかり食べていたような気もするな。

うどんに天ぷら、手巻き寿司に和風おかずまでセットになったこの「うどん定食」は、海を渡った幾多の日本食が現地で独自にカスタマイズされ、満を持して定食になったハイブリッドなすごいヤツ、とでもいうべきものであった。

〈バーガーキング〉で韓国式かき氷を食べる

最近、都内では本格的な韓国料理を食べさせる店もかなり増えてきた。恵比寿にある〈ハヌリ〉もその一例。ここでコース料理を食べると最後にデザートとしてかき氷が出てくる。フルーツやら小豆やらいろいろ入っていて本当においしい。

パッピンスのダブルをひとつ頼めば家族全員で楽しめる

韓国でも食べたいなと思っていたら、この韓国式かき氷、ＰＡＴＢＩＮＧＳＯＯ《パッピンス》という名前でかなりポピュラーだった。ファストフードの〈バーガーキング〉でもメニューにあったので、これのダブルを食してみる。ちなみに、こういう店に入るときには家族はさほど反対しないのである。パッピンスのダブルは３９００Ｗ。これがすばらしいボリューム。かき氷の上にあんこ（小豆）、ソフトクリーム、フルーツミックス、コーンフレーク、イチゴジャムなどが乗っかっていて、相当に食べごたえがある。韓国ではさまざまな料理を大盛りで注文してシェアして食べる習慣があるようで、レストランでも巨大なビビンパを分け合って食べている友達同士のような組み合わせが目についた。このかき氷も多くの人たち

がひとつのかき氷を2、3人で分け合っていたので、わが家も一家でシェアして食べた。そう考えるとこの値段も高くはないね。ちなみに、こういったスイーツ系に関しては、日本では珍しいものでも子どもたちは気にせずよく食べるのだった。

〈李朝〉のカルビ&プルコギ!

3泊4日とはいうものの、初日は夜遅くに到着し、4日目は午前中に帰国するため、今夜の夕食が韓国最後のディナータイムとなる。前述したように、子どもたちのリクエストもあって、やはり一度は本格的な焼肉を食べようということになり、蚕室《チャムシル》に戻ってロッテデパートのレストラン街にある〈李朝〉という立派なお店に入った。

いわゆる焼肉=「カルビ」とすき焼き=「プルコギ」を注文。まあ、すごく高いわけではないけどそんなに安くもないなという値段だ。意外だったのは観光客より地元の人々が圧倒的に多いこと。焼肉が「ごちそう外食」としての位置付けにあることは、韓国も日本と同じなのだった。

牛肉以外にも例によって、キムチ、野菜などが続々と出てきてとても幸せな気持ちになる。銀色の容器に入ったごはんもとてもおいしい。しかし! 子どもたちは、店の人が大きな肉片を焼いてハサミでチョキチョキと切ってくれたカルビや、平たい鍋でぐつぐつ煮えてくるプルコギなどはあまり気に入らなかったようだ。

ゴージャスな焼肉の宴だったが、子どもたちの反応はイマひとつ

「日本の焼肉とはちがうよね……」

と上の娘がつぶやいた。下の子ともどもあまり食べていない。

日本によくある焼肉店のように、無煙ロースターの上でひと口サイズにカットされた肉を自分のペースで焼いて食べるスタイルを想像していたのだろう。たしかに、それとは大きく異なっているけどね。

ただし、これも一種の「馴れ」だったようで、次にソウルを訪れた際には娘たちも、後述するように韓国的な焼肉をもりもりと食べるようになったのであった。ふたりとも成長して、食べ物の許容範囲が広がったということも大きいのだろうが。

シンガポール
JAPANESE CUISINE

台

北

ソウル
불고기
버거
언제나
내입에 딱!
i'm lovin' it.
BULGO
BURG
A-SAUCE
SENSATION
3000
日本の皆様あきらめないでください。頑張ってください
私たちはあなたたちの友だちです。
明洞観光特区協議会
THEFACESHOP
TONYMOLY

Toji Kon
Asian
Teishoku
Tour

令和三年度の通知
家族とプライバシー

定食ツアー
家族で亜細亜

今柊二

バンコク
PFP
วาซาบิ
WASABI
PFP
Premium Quality
ปูอัด
Crab Stick

新興住宅地にも息づく日本の定食

今回訪れた蚕室《チャムシル》は、ソウルのなかでも新興住宅地にあたるエリアだ。ソウルの歴史ある街では見ることのできる日韓併合時の遺構などは、それこそいっさい存在しない、きわめて現代的な地域である。

そんな地域でも、日本の定食文化の影響は容易に垣間見ることができた。タクアンなどのように戦前の日本食文化から継承されているものと、カニかまのように戦後入ってきたものが混淆《こんこう》しているのだ。それでは明洞《ミョンドン》など繁華街ではどうなのだろうか。その問いは、次回の定食調査に持ち越されたのであった。

また、日本でもそうだが、外国でも食文化を調査するのにフードコートがたいへん便利な場所であることを再確認することもできた。今後、ふたたび家族でアジア各都市を巡る旅行（兼定食調査）に出かける際には、折に触れて現地のフードコートを訪れることになりそうだ。

市庁・明洞《ミョンドン》・鐘路《チョンノ》・仁寺洞《インサドン》編――2011年春

今回の韓国行きは久々の家族旅行だった。上の娘が受験を控えていたこともあり、この2年ほど家族で行く海外旅行にはブランクがあった。2011年2月に試験が終わり、なんとか中学が決まったので、やれやれ一安心、みんなでソウルにでも行くか！　ということになったのが3月の第一週目。そうして、子どもたちの春休みに合わせ3月31日出発のチケットを4名分おさえたところで、あの3月11日がやってきた。

東日本大震災の恐怖は二段階で、最初は地震と津波、次が福島第一原子力発電所の事故だった。首都圏に暮らす我々にとっては、たしかにあの大地震によって「本棚が崩れた」「停電になった」「食料品や生活必需品が一瞬なくなった」「電車が止まった」などの困ったことは多々あったけれど、東北の人々のような生死に関わるような激烈な被害はなかった（少なくとも私とその周囲には）。ただし、その直後にきた原発事故の恐怖は、私たち関東に暮らす人間にとっても精神的にそうとう辛いものがあった。とくに震災後1週間くらいの間は原発での水素爆発や火災などが起き、まったく予断を許さない状況で、旅行以前に「家族を連れて実家のある四国に避難するべきだろうか?」と悩んだ。万が一の場合、自分の決断が家族の生死を左右することになるかもしれない、そんな局面を迎えたのはもちろん生まれてはじめてのことだった。

悶々《もんもん》と悩みながらも仕事や日常生活に関するあれこれは続けねばならないことも、シンドイところであった。震災で滞っていた業務の多くは思うように進まず、いくつもの変化球を使って乗り越えていかなくてはならない。心身ともに疲弊していく日常と、究極の決断を迫られる非日常的な命題との狭間で、安らげる時間はどこにもなかった。

慌ただしい毎日、先の見えない不安、笑顔が減った子どもたちの顔——。

仕事に向かう電車のなかで吊革をつかみながら、ふと思い出した。はたして私たちの旅行はどうなるのだろうかと。代金はすでに支払っていたし、とにかく確認だけはしておこうと旅行代理店に訊いてみた。すると空港は使用できるので、旅行自体は滞りなく実行されるとの話だった。

ちょうど旅行の1週間くらい前から原発の内部に電気がつくようになったり、新たな爆発や火災もとりあえずは起きなくなり、外的な状況はやや鎮静化してきたようにも見えたので、「……それなら行くか」という気持ちに少しずつ傾き、妻と相談したうえで予定通りソウルへ出かけることにした。どこかで「国外逃避」といった気持ちがあったことも否定はできない。

かくして3月31日の早朝。自宅のある町田からスーツケースを自動車に積んで羽田空港へ向かう。いつものように国道16号線から首都高速に入り、横浜ベイブリッジを越えて東扇島あたりに達したときだった。

「あ、モクモクけむりが出てる！」8歳になった下の娘が叫んだ。

それは東京電力の火力発電所だった。都内の電力不足を補うために、最大出力で発電しているのだ。たしかに白い煙が天に向かってどんどん立ち上っていっていた。とても力強い煙だった。それを見た瞬間、「ああ、日本はまだ大丈夫だ」と涙が出そうになった。

市庁、そして明洞《ミョンドン》を歩く

無事、金浦《キンポ》国際空港に到着した私たちはその足でソウルへ向かい、まずはホテルにチェックインした。今回の旅の宿はシティホール前にあるプラザホテルだ。ホテルの窓からはソウル市庁舎が見えるという話だったが、庁舎は現在改築中らしく

2011年3月末の京浜工業地帯。火力発電所の出す煙に涙がこみ上げる

幕がかかっていた。前回の訪韓とはちがいソウルの中心地なので、日帝時代（1910〜1945年）の建物をたくさん見ることができると密かに期待していたのだが。26年、朝鮮総督府の建築課長だった岩井長三郎によって地下1階、地上3階の石造建築として造られたのがこの建物（当時は京城《けいじょう》府庁舎）だった。その後増改築を重ねているが、今回の改築でまた大きく変わってしまうのだろうか。[※3] 歴史的な建造物はできるだけ保存しようとする台湾とは異なり、ソウルでは古い建物はどんどんなくなっていく。

荷物を部屋に置いてひと息つくと、すでに夕刻も近かったが明洞まで出てみようということになった。南山タワー（現在のNソウルタワー）のふもとに広がる明洞一帯はよく知られている通り、ソウルきっての伝統的な繁華街だが、もともと日帝時代には日本人が多く住んでいた地域である。

鄭銀淑《チョン・ウンスク》著『韓国の「昭和」を歩く』によると、もともとソウルが朝鮮王朝の首都・漢陽《ハニャン》だったころには、都の中央を流れる清渓川《チョンゲチョン》を境に、宮廷のある光化門路を中心にした「北村《プクチョン》」には官僚が住み、南山のふもとにある「南村《ナムチョン》」には官僚になれなかった両班《ヤンパン》や軍人が住んでいて、パッとしない場所だったらしい。その後日本人が南村界隈に好んで住むようになったが、それは広々とした土地があったことと、朝鮮人たちが密集していなかったのが主な理由のようだ。南村は、日帝時代に本町、明治町、黄金町と日本の地名がつけられた。本町は現・忠武路《チュンムロ》、明治町は現・明洞、黄金町は現・乙支路《ウルチロ》だそうだ。ロッテホテルの前の乙支路は、かつては黄金町通りだっ

韓国の人たちの温かい心づくし

たのだ。今も日本人観光客が多く歩く通りには、そんな歴史がある。横浜にも黄金町があるけど、横浜からソウル（当時は京城）に行った人は「ああ、同じ名前だ」なんて思ったのだろうか。

明洞あたりを歩いていると、横断幕を掲げて募金をしている大学生たちがいた。横断幕にはハングルとともに日本語で〝早稲田大学のみなさんを応援します。延世大学一同〟と記してあった。日本の大学生のために韓国の大学生たちが募金活動を行ってくれているのだ。またしても目頭が熱くなってしまった。どうもつらい現実が多かったせいか、この時期はずいぶんと涙もろくなっていた。後で地下道を歩いていると、やはり〝がんばってください日本！〟と書かれた横断幕が壁に掲げられていた。

※3 結局、旧庁舎の正面部分は残ったが、背後にガラス張りの波のような形の新市庁舎ができた。写真で見ると、まるで旧庁舎を津波で流し去ろうとするかのようだ

〈明洞《ミョンドン》ギョウザ〉をついに食す

ソウルはこれまでに何度も訪れているが、〈明洞ギョウザ〉にはまだ入ったことがなかった。観光スポットとして認知度の高い店なので、どこかで最初から避けていたような気もする。しかし、実際かなりの実力店なのだという話を聞きつけ、今回はじめて行ってみることにした。そもそも妻は以前から興味を持っていたらしく、すんなり家族の同意も得られた。

訪れたのは夕暮れどきだったが、ものすごく混んでいる。平日なのにスゴいな。

店の入口には日本語の表記もあったので、やっぱり明洞によくありがちな「日本人御用達」の店なのかなとの疑念が一瞬頭をよぎったが、店の中に入ってみると現地の人々が多い。

1階は待ち合いらしく、食べるのは2階のようだ。階段を昇るとそこは満員！　しかし客の回転がいいのかすぐ席につけた。

ここ〈明洞ギョウザ〉の名物は、ギョウザとカルクススといううどんだ。迷うところだけどカルクススにしようか。水を持ってきてくれたアガシ（お姉さん）に注文すると、ものすごい

ああ、水ギョウザが入っている。ごはんはおまけ程度です

早さで出てきた。その場で8000Wを払う。約600〜700円くらいか。100W＝8〜9円くらいなので、前回(2007年）のレートよりずっと割安な感じだ。カルクススにはキムチとごはんがおまけで付いていて、事実上のうどん定食になっている。さて、そのカルクススだが、日本のうどんの親戚なのかもしれないが、まあ、かなりちがった食べ物ともいえそうだ。水ギョウザ、挽き肉、ニラ、タマネギ、そしてキュウリの千切りが具材として入っている。あれ、お箸はどこだ？　きょろきょろしていると、隣のテーブルの常連っぽいおじさんが「ではでは！」という表情で、机の天板の下にある引き出しからステンレス製の箸を取り出した。なるほど、そこに入ってい

るのか。では、さっそく食べてみよう。

まずはうどんのスープ。おお、挽き肉のダシが効いていて、うまみがある。うどんは細めで稲庭うどんのようだ。一本が長くて、なかなか噛み切れない。続いてキムチはどうだ。おお、こりゃ本格的な辛さだな。でも、ごはんと一緒に食べるとちょうどいい。うどんの汁のなかに入れてみると、適度な辛さとさわやかさが溶け込んで、なんともいえない味わいになった。日本の漬物より主張の強いキムチは、他のおかずの味も助けてくれるのだなあ。

屋台で買い食い――焼きイカ

明洞《ミョンドン》でもどこでもそうだが、韓国の盛り場には必ずといってもいいほど屋台があって、食べ物を道ばたで烈しく売っている。それを韓国の人々はやはり烈しく食べていて、私もできるだけ烈しく食べてみたいと思っていた。

そこで、妻と娘たちが延々とショッピングに興じている間に、しめしめと私は道ばたの屋台での買い食いを決行することにした。女子たちの買い物に死んだ魚のような目をしながら付き合っているより、ふらふらとひとり気ままに買い食いをしているほうがずっと楽しい（ここだけの話）。

まずは、居並ぶ屋台を遠目に冷やかしながら歩いてみようか。と、イカ好きの私にはたまらないものを売っている屋台をたちまち発見する。なかでも、ほぐしたイカの身がビニール袋に入ったものがすごくうまそうだったので、思い切って買ってみる。1袋5000W。日本円で350～400円と少し高いが、韓国ではイカ関係の食べ物はおしなべて安くはないので、妥当な値段なのかもしれない。注文すると、お兄さんが袋からイカを取り出して機械でプレスしてくれる。ホカホカになっているので、香ばしくてたまらない。日本でも「真イカの炉端焼き」などちょっと甘めで肉厚のイカ製品があるが、あれに近い。これはかなり満足できるおいしさだった。

「うまいなあ」と独り言をつぶやきながら道ばたに立って食べていると、女3人での買い物に早くも飽きたようすの下の子どもが、すぐそばの雑貨店から出てきた。

「パパ、それ何ぃ？」

焼きたてのイカはそりゃおいしいよ

「こりゃ、焼きイカだよ。食べる？」

ひと切れ渡すと、恐るおそる口に入れてもぐもぐと食べている。

「ほかほかで甘くておいしいね。もっとちょうだい」

あれれ、この子はこれまで屋台のイカなんて食べなかったんだけど。なんだかうれしいなと思ってイカを袋ごと渡すと、手づかみでもりもり食べはじめた。自分の好きなものを子どもが喜んで食べるのを見るのはよいものだ。私はいい気分で彼女が黙々とイカを食べるさまを眺めていた。ちなみに、彼女はそれがきっかけで焼きイカが大好物となり、さらに屋台で買い食いをする行為自体にも非常に興味を示すようになった。佳きかな、佳きかな。

ホテルでいなり寿司研究

かくして、妻と上の娘も買い物を終えてやってきた。

「ねえ、おなかが空いたよ〜」

さきほどの〈明洞《ミョンドン》ギョウザ〉ではあんまり食べていなかったのでしかたがない。下の娘にしても、イカで勢いがついたようだ。では、と〈ピザハット〉に入り、いくつかピザを注文する。おいしそうにピザを食べる子どもたち。そんなようすを眺めながらアイスコーヒーを飲んで待つ。現地色の強い店に入ると、子どもたちのために再度ファストフードに入って帳尻を合わせ

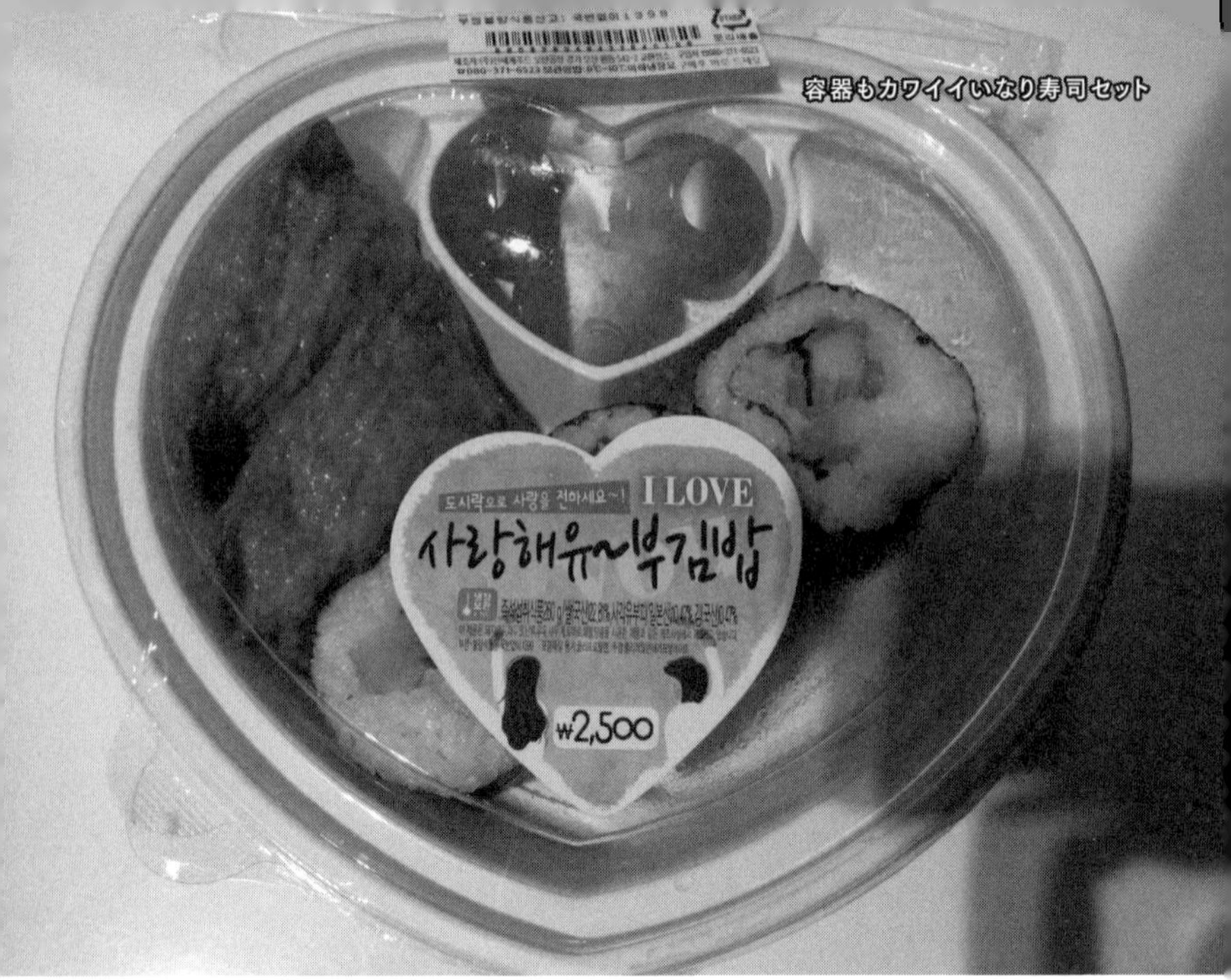

容器もカワイイいなり寿司セット

るというパターンは、わが家の海外旅行ではまだまだけっこう多いのである。

　ホテルの部屋に荷物を置くと、私は再度すぐそばにある〈セブンイレブン〉まで買い出しに出かける。これは海外で研究を進めている「いなり寿司調査」のためでもあるのだ。

　4つで2300W。180～200円くらいか。ちょっと高いかもしれないが、ホテルで食べてみるとこれが案外しっかりとしたいなり寿司だった。黒ゴマ、ニンジン、タケノコ、しいたけのみじん切りが入っていて、ほどよい甘さもバランスがよい。

　後日、近くの〈ファミリーマート〉にもいなり寿司のセットがあったのでこれも買って食べてみた。2500Wだから

出来たてのワッフルが放つ香りは人を狂わせるね

約200円。ハートの形をした器でとてもかわいい。海苔巻き（キムパッ）といなりのセットにプチトマトも入っていて、どこか弁当的である。まずはいなり寿司から食べてみよう。〈セブンイレブン〉ほどではないがまずまず立派。一方の海苔巻きはタクアン、カニかま、ツナ、ニンジンの王道キムパッ系だ。酢飯ではなく白飯であった。

朝食としてのワッフル

2日目は、またしてもロッテワールドへ向かう。まあ4年ぶりだからいいよね。

ちなみに、韓国のホテル宿泊は概して朝食が付いていないので、外食をすることとなる。何か定食的なものを食べたかったのだが、なんだこれは？　地下鉄の通路にものすごく魅力的な匂いを嗅ぎつけた。ワッフルだ。もともとホットクなどの粉物が好きな国民性もあり、定着したのだろう。明洞《ミョンドン》方面へつながる市庁の地下街で家族4人分を注文。お姉さんが焼き、蜂蜜をかけて半分に折って渡してくれる。食べるとこれが軽い歯触りでサクサクと大変うまい。「おいしい、おいしい」と子どもたちもそろってよく食べている。定食食べなくちゃいけないんだがな……と思いつつも、彼女たちがおいしいのならいいかなと、自分もパクつくのだった。

ロッテワールドの「もてなし」

地下鉄に乗って蚕室《チャムシル》まで。以前きたときと同様、ここは郊外の住宅地であり繁華街でもある。けっこう混んでるな。地下街を通って、ロッテワールドの入口までたどりついた。

すると、入場ゲートのところに案内が出ていた。〝ロッテワールドでは日本を応援いたします〟と日本語で書かれ、なんとチケットを割引にしてくれている。1デイパスポートが4名で9万9000Wになるらしい。安くしてくれるのはうれしいし、韓国の人々の心遣いは有り難いけれど、「応援してほしいのは俺たちではなくて、東北で被災して原発で苦しんでいる人たちなんだ」と複雑な思いが体の中でとぐろを巻く。ただ、我々が安くしてもらった恩恵を、形を変えて東北の人たちに伝えればいいのだと思い、割引チケットを買うことにした。

オムレツ屋で食文化の変容を感じる

ロッテワールドは、日本のディズニーランドよりもずっと脇が甘いというか、強いテーマ性があるような場所ではない。が、とりあえず韓国の人たちの愛する食べ物はたくさん提供している。私の認識ではそういうスポットだ。換言すれば、韓国の定食事情をかなり色濃く反映しているので、なかなか有意義な研究ができるのである。

さて、今回は最初に〈Marcos Ki·chen〉という一見おしゃれなカフェ系レストランに入ってみた。わりとすんなり家族の意見がまとまったからだ。さて、メニューを見ると、オムライス、パスタ、ドリアといったラインナップ。日本でいうと〈RAKEL〉（オムレツなどが売りのレストランです）のようなものかと思ったら、もっと洋食っぽくて、エビフライやトンカツがセットに付いており、盛り合わせ洋食プレートのようになっている。とりあえずエビフライ付きのオムライスとチリハンバーグライスを注文する。両方とも7900W。600～700円くらいか。カウンターで注文すると番号の入ったレシートを渡され、出来上がると呼ばれるシステム。着席して水を汲《く》みにいく。ホットケースの中に金属のコップが入っていて、それを取り出してそばの給水器から水を注ぐ。呼ばれて最初に出てきたのは、エビフライ付きオムライス。プレートにオムライス、エビフライ3尾、キャベツサラダ、ポテトフライが

やはりタクアンなど漬物は付いてくるわけだ

乗り、別皿にはタクアンとキュウリの漬物。さらに薄いスープもある。

まずはスープから。これはギリギリ味噌汁か。限りなく薄いので、ダシ汁を飲んでいるようだ。続いてオムライスを。ケチャップがお好み焼きのマヨネーズのように細く網のようにかかっているのが特徴だ。食べると玉子はとても薄く、中はケチャップライスではなくてピラフだった。具材はミックスベジタブルのようだが、これはこれでおいしい。エビフライは、昔食べた冷凍エビフライの懐かしい味。なんだろう、加ト吉の製品を思い出すな。マスタードがかかっている。箸休めにタクアンを口へ放り込むと、これはもう日本の沢庵からピクルスに移行しつつある味だ。かろうじてタクアンの体裁を保ってはいるが、文化の変容するさまを感じる。キャベツサラダもいってみよう。緑色のドレッシングがかかっていて、これがなんとキウイのフレイバー。甘い。何かに似ている……そうだ、これはサウザンアイランドドレッシングの甘さに近いぞ。ここにも異文化を感じるのであった。

次のもう一品、チリハンバーグライスに付くキャベツサラダ、タクアン、スープは前者と共通のようだ。チリソースのかかったハンバーグもたいへん懐かしい味で、表面がカリカリしている。まるでマルシンハンバーグのようだ。

全体的に、往年の日本で大衆に浸透した安価な洋食文化を継承した匂いが濃密である。ちなみに子どもたちは、エビフライやポテトフライなど揚げ物系はよく食べ、ピラフもわりと食べたので、親としてはまあよかったかな。

ロッテワールドでパレードを見て涙ぐむ

一部に屋外スペースもあることはあるが、ロッテワールドは基本的にドーム型の屋内テーマパークだ。ディズニーランドなどと同様、夜になるとここで「パレード」が行われる。いったんパーク内が暗くなり、きらびやかな電飾で飾られたダンサーやキャラクターたちが屋内の広い通りを音楽とともに練り歩く。韓国の人々に混じって、子どもたちとともに見ていると、なんだか猛烈にこみ上げてくるものがあった。

光のパレードを目の前にして涙ぐむ

館内がいっせいに暗くなったとき、「3月11日以降」の東京の街をまざまざと思い出したのだ。地震の後、原発が止まり、火力発電の体制も整っていなかったので、節電のために東京の夜は真っ暗になってしまった。必要最低限の明かりはついているのだけれど、光があふれる生活に慣れた我々にとって、そのようすはまさに「暗闇」だった。その暗闇のなかを、余震を知らせる携帯の着信音に気をつけながら、花粉除け（放射能除けも兼ねて）のマスクをした人々が黙々と歩いているのが当時の東京だった。まさに、子どものときに見ていた「未来少年コナン」の大戦争後の「残された人々」のような灰色の風景だった。

と、目の前をゆくパレードにハッとし

た。暗闇を切り裂くように、さまざまな色のまぶしい光を身にまとった使者たちが乱舞しはじめたのだ。それはまさにシアワセの光景だった。「ああ、やはり産業文明はすばらしい。文明は光だ」と強く感動し、またしても涙ぐんでしまった（本当にこの時期は涙ぐんでばかり）。続けて「東京にもこのように光が戻ってくるのだろうか？　いや戻ってきてほしい！」と心のなかで強く願うのであった。

光が人に希望をあたえるということをあらためて深く実感するロッテワールドの夜だった。

徳寿宮《トクスグン》からソウル特別市議会議事堂へ

3日目は少し観光らしいことをしようと、朝からホテルの隣にある徳寿宮に行き、大漢門《テハンムン》の前で写真を撮る。そのまま景福宮《キョンボックン》のほうに向かって歩いていくと、ソウル特別市議会議事堂が見えてくる。建物前の案内板に書かれた日本語の解説文によると、もともとこの建造物は１９３３～35年にかけて京城《けいじょう》府民のために建設された多目的施設（旧京城府民館）で、地下1階、地上3階のコンクリート造とのこと。50年～75年には国会議事堂として使われたそうだ。

前述の『韓国の「昭和」を歩く』によると、もともとは京城電気（電気、ガスから鉄道まで幅広く運営）の助成を受けて造られたそうで、日帝時代は毎日のように演劇や講演が催され、戦時中は皇民化のための政治集会や学徒志願兵奨励の演説会、そして戦後は激動の韓国現代政治史の舞台となった、じつにスゴい場所なのだった。

ただ、うちの家族はまったく興味がなさそうなので、写真を撮ると足早に北上し、鐘路《チョンノ》へと右折した。ちょっと遅めの朝食をお目当ての店でとるためだ。

ベストオブ定食屋の雰囲気をたたえたソルロンタン屋

私がどうしても行きたいと思っていた店は、〈里門《イムン》ソルロンタン〉だ。韓国にくるたびに必ず食べたくなる。店名通りソルロンタンの老舗なのだが、今振り返って考えてみても店の雰囲気はまさに「ザ・食堂オブ韓国食堂」であり、私にアジア各国における定食へ開眼する機会をあたえてくれた店であったといえる。

そもそもこの店を最初に訪れたきっかけは『B級グルメが見た韓国』(文春文庫)を読んで知ったからであった。１９９０年に畸人《きじん》研究学会の黒崎犀彦とともに訪れて「これはうまい!」ということになったのだった。なんでも来月には今の場所から近くの別の場所へ移転してしまうということで、偶然にもその直前に訪れることができてよかった。例によって、３人の女子はそれほど賛意を示してくれたわけではなかったが(笑)。

〈里門ソルロンタン〉は地下鉄の鐘路《チョンノ》駅からわりとすぐのところにある。歩いていると、街の雰囲気は90年当時からするとずいぶんと変わったなと思う。デカくかっこいいビルがボンボン建っているわ、オシャレなカフェはあるわ、さらに駅の近くには大きな書店がふたつもできているわで、「ソルロンタンを食べた後は、書店に立ち寄らねばなるまい！」とニヤニヤしてしまった。最近ソウルでもブームらしいカップケーキの店も目につき、後で買うことにする。

巨大なビル群の裏側、昔ながらの雰囲気をとどめる町並みを抜けると、しだいに〈里門ソルロンタン〉のクラシックな建物が見えてきた。なにしろ創業約100年、ソウルでも最古に近い老舗ですからね。遠くからでも、すでにオーラが漂っているのがわかる。

朝は8時から開いているが、私たちは10時前に店に入った。あらためて店内を見渡すと、テレビがあり、店の奥にアジュマ（おばさん）が控えているあたりなど、やはり正しい大衆食堂だ。入口近くのテーブルにつき、さっそくソルロンタンを

ごはんとそうめんのダブル炭水化物に牛エキスが満点の滋養食

注文。6500W。500円くらいですかね。卓上には、塩、胡椒、容器に入った大根キムチと白菜のキムチ、そして刻んだネギが置かれている。

おお、素早くやってきた。黒い器のなかには白濁した牛肉スープ、牛肉のスライス、そしてごはんとそうめんが入っている。汁、ごはん、おかず、漬物がそろっており、定食の要素を文句なしに満たしているわけだ。ではまずスープから。強い主張はないが、なんとも滋味が感じられ、深みのある味わい。塩を入れて味を調整してもいいが、経験上キムチとともに食べたほうがおいしいので、迷わずそうする。まずは白菜キムチとともに食べてみる。この店のキムチは辛みがそれほどでもなくて、たいそううまい。とくにソルロンタンとともに食べるとうまさ倍増という感じなのだった。「ああ、これだこれだ」と思いつつ、今度は大根キムチをボリボリ食べるのであった。

〈マクドナルド〉と戦前建築

持参していた『地球の歩き方　ソウル　2006〜2007』（ダイヤモンド社）のなかに「ソウルの近代建築を巡る」というコラムがあり、「完永《ワニョン》ビル」が紹介されていた。丸い飾り窓のあるビルで、たしかに戦前の日本のモダン建築の匂いがする。鐘路《チョンノ》2街にあるそうだが、まあ見つかればいいなくらいの気持ちでいた。

仁寺洞《インサドン》に向かい子どもたちと歩いていると、またぞろおなかが空いたと言う。何が食べたいのかと聞くと、「マクドナルド！」。はあはあ。さきほど入った〈里門《イムン》ソルロンタン〉ではあまり食が進んでなかったもんなあ。やむを得まいと、通りに面した〈マクドナルド〉に入り、子ども用のセットやプルコギバーガー（焼肉味のハンバーガー。なかなかおいしい）などを買い、2階に上がる。着席してコーヒーを飲もうとふと窓の外を見ると、視界の向こうに、あの飾り窓のビルがあるじゃないか！　なんて幸運なんだと店内から写真を撮り、さらに「ちょっとだけ撮影してくるからここにいて！」と家族に言い残し、慌てて店の外に出ると、ふたたびデジカメのシャッターを切る。1階には現役のお店が入っているようだな。形こそちがうけれど、横浜のイセザキの入口に今も現役でテナントの入っているイセビル（1927年建築）のことを少し思い出してしまった。

感動しつつ席に戻ると、ハンバーガーを黙々と食べるやや不満げな表情の女子3人。「すみません」と謝ると、「いつものことだからね」と上の娘に言われてしまうのであった。

仁寺洞《インサドン》の思い出と現在

鐘路《チョンノ》をしばらく歩いたところで左折すると仁寺洞に着く。ソウルにはじめてきて以来、訪れる頻度が高いのがこの仁寺洞だ。地下鉄の鐘閣《チョンガク》駅から歩いてもいいけど、安国《アングッ》駅も最寄り駅である。そもそもは骨董品店や文具店、そして喫茶店（文字通りお茶の）などがたくさん軒を並べている街で、かつてはいくつもの古書店があった。韓国は、朝鮮戦争で、国土が激しく戦地となった歴史があるため、戦前の古書はきわめて見つけにくい。たしかに日本も戦禍にあったが、ほとんどは空爆で、激しい地上戦があったのは沖縄だけ。戦車や歩兵が都市をかけ巡り、激しい白兵戦が行われた韓国とは事情が異なるのだ。もし8月15日に日本が降伏しなかったら、アメリカによる本土上陸作戦（ダウンフォール作戦。具体的には11月の南九州上陸作戦＝オリンピック作戦、1946年3月の関東上陸作戦＝コロネット作戦）となっていたので、我々は戦前発刊の古書を買うことはかなり難しくなっていただろう。もっとも、そんなことになっていたら、古本を買おうとする「文化」すらなくなっていたかもしれない。

そんなわけで、創業100年の〈里門《イムン》ソルロンタン〉がソウルでも最古参の店となるわけだ。日本の感覚だと「100年では歴史が浅いのでは？」という気もしてしまうが、朝鮮戦争という大動乱を考慮すると大いに納得できる話だ。

古書を手に入れるのが難しい韓国にあって、仁寺洞は貴重な街だった。日本の地方にしばしばある（もはや「あった」というほうが適切かもしれない）、雑然と本が積まれていて店の奥中央にご主人が座っているという店が、この街にはいくつも存在していたのだ。

何回か古本を買ったが、なかでも印象的だったのは、古書の山の中から賀川豊彦の『死線を越えて』を発掘したときのことだ。ご主人のところに持っていくと、目を細めて「ああ、賀川豊彦。これはよく読んだよ。感動して泣いたよ」と日本語で話しかけてくれた。ご主人は実際に賀川豊彦の演説も聞いたことがあるそうだ。日本のキリスト者たちが積極的に大陸伝道をしていたとは聞いていたが、それを裏づけるご主人の話には深く感じ入るものがあった。日本円で500円くらいで買ったが、それ以上に大事なものを得た気がした。

さて、今回仁寺洞を訪れたのは、韓国式の枕や布、文具などを買うためだ。つまり家族のための買い物大会ですね。古書店もあれば覗きたいが、なにしろ90年代と比べてまったくようすが変わってしまった。このぶんだと当時の古書店はもうないだろう思いつつ、女子たちの買い物に付き合い、韓国の餅菓子の店に入って、黒ゴマ入りの巻き餅を2800Wで買ったりしていると、路地の奥に人が群がっている一角を見つけた。行ってみると、なんとそこは古書の露店市のようになっていて、ハングルの本だけではなく洋書もけっこう売られている。
「ああ、やはり古書店が息づいていた街の遺伝子は残るのだな」と温かい気持ちになった。※4

※4 ちなみに、現在は日本の新古書店ブックオフが新村《シンチョン》などに進出している。その訪問譚は拙著『定食と古本ゴールド』（本の雑誌社）をご参照ください

〈三金《サンキム》〉で豚焼肉！

仁寺洞《インサドン》の散歩が終わったところで一度ホテルに戻り休憩し、明洞《ミョンドン》へ夕食に出かけた。やはり韓国にきたのだから焼肉を、それも定食的に食べたいところである。かといって、牛肉の焼肉は韓国でもそれなりによい値段になってしまうので、より庶民的な豚の焼肉を食べようと決めた。ガイドブックで店の目処をつけて4人で明洞を歩いていると、目的の店とはちがうのだが、なんだかうまそうな雰囲気の豚の焼肉屋が目にとまった。おかげさまで、よさそうな店を見分ける直感力はかなり鍛えられているので、これは間違いないだろうと意を決して入ることに。

店名は〈三金〉。店名に「三」とついている店は当たりが多いという経験則もあるからね。

入店すると、日本の観光客もいたけれど、地元の客が大半だった。サムギョプサル＆キム

まさに、韓国にきた甲斐がある大焼肉大会

チ（三枚肉とキムチ）が1人前で1万2000W、ライスが1000Wで、合計1万3000W。およそ1000〜1100円、まあ安いだろうな。ビールや酒を注文しなかったので、ポットに入った水を持ってきてくれる。ほどなくしてサンチュ、豚肉、金属の器に入ったごはん、焼き海苔、キムチ、辛味噌、大葉などが続々と登場。

さあ、焼くぞ！　肉が分厚いので火が通るまでにけっこう時間がかかるが、ちょっと油断をしても焦げてしまうということはないので、その意味では楽だ。さて、焼いた肉の運用方法だが、辛味噌を付けて食べるととてもうまい。付け合わせのワカメスープもとてもおいしい。ふと隣の韓国人を見るとキムチも一緒に焼いている。真似をして焼いてから豚肉と一緒に食べると、キムチの辛みが和らぎ、これが抜群にうまい。「あっ、これは豚キムチだよ！」と膝を打ったのであった。さいわい、この店では妻も娘たちもよく食べてくれて、ちょっとうれしかった。

屋台で買い食い――あれこれ

焼肉の後は女子たちによる買い物大会だ。いつものように大いに長引いたので、その間いろいろと屋台での買い食いを楽しんだ。ちなみに、前回の焼きイカで味をしめた下の娘は買い物に飽きると、また私と一緒に屋台のあれやこれを食べていた。ということで、私たちふたりが屋台でかぶりついたものをあげてみよう。

串刺しポテト：2000W。長い棒に薄切りポテトがたくさん刺さっている。いわばポテトチップスの串刺し状態だ。その場で揚げていてとてもうまそう。買った後に、客が好みでチリパウダーをかけて食べる。揚げたイモに辛いパウダーだからまずいわけがない。帰国後、これをやや小ぶりにしたものを〈ローソンストア100〉のホットスナックコーナーで売っているのを見た（ただ一時期だったが）。「バリバリしておいしいね」と下の娘もにっこりだ。チリパウダーは控えめにしてもりもり食べている。

焼きとうもろこし：2000W。日本のものより粒が色白。茹でたあと棒に刺して焼かれている。甘みはそれほど感じないが、焼きたてはやっぱりうまい。でも娘には味が淡泊すぎたようだ。1本食べるとおなかいっぱいになってしまうね。

芋けんぴ：日本の芋けんぴより細く切って揚げたもので、中身はホクホク、外はカリカリしていてじつにおいしい。ロッテワールドでは2500Wしたが、明洞《ミョンドン》では2000W。少し安いわけだ。この芋けんぴはふたりともよく食べた。

カワハギ：焼きイカと同じように魚の干物というか珍味をプレスして渡してくれる。たしか4000W。やはりホカホカにしてくれるのでうまい。下の子は、プレスしてくれるところからずっと見ていて、自分で袋を手にして食べていた。これも気に入ったらしい。

ホットク：いわゆるホットケーキ。蜜をつけて渡してくれる。1000W。地味にうまい。できるなら毎日食べたい。誰か、私が昼間いるオフィスのそばで100円で買えるホットクの店を出してくれないだろうか。新大久保でも食べたことはあるが、韓国のホットクはもうちょっと軽い食感だった（まあいろいろあるだろうけど）。買い物を終えた女子たち3人もこれを食べて満足しているようだった。

カルメ焼き：1000W。ずいぶんこの店も多かった。砂糖を熱して魔法のようにカルメ焼きにしていく。形もいろいろある。ボリボリ食べると素朴に甘くてこんなにうまいものだったっけと感心した。子どもたちは意外にもあまり食べなかったなあ。

新世界百貨店、貨幣博物館などをぶらり

かくして4日目。まだ朝の7時なので家族はみな寝ている。よし、いまのうちにホテル近くにある日帝時代の建物を見にいこうと、ひとりで外に出た。こういう時間の使い方がとても大切なのだ。

まずは貨幣金融博物館。かつては発券銀行だった旧朝鮮銀行本店の建物で、戦後は韓国銀行本店として使用されていたそうだ。荘厳な建築で、まさに帝国主義といった風情が漂っている。続けて見ておきたかったのが新世界百貨店。旧三越百貨店である。戦前から日本の百貨店は三越、丁子屋（美都波《ミドパ》百貨店時代を経て現在はロッテヤングプラザ）などが出店しており、とても繁盛していたという。前述したとおり、このあたりは日本人の多く住む地域で、本町通りの入口として賑わった場所だ。

日本人街の本町通りに対して、韓国人中心の繁華街は鐘路《チョンノ》。こちらには韓国資本の和信《ファシン》百貨店が80年代まであった。ベルリンオリンピックで活躍した孫基禎《ソン・ギジョン》を描いた鎌田忠良著『日章旗とマラソン』によると、和信百貨店はレンガ造りの4階建で、正面階上部分にはネオンサインが輝き、その点滅するなかを電気仕掛けの電車がくるくる回っていたらしい。屋上には京城《けいじょう》の金持ちを相手にするレストランがあり、韓国式の定食が40銭で食べられたそうだ。当時はソル

ロンタンが10銭で食べられる時代だから40銭はけっこうな値段だろう。これを中学時代の孫は食べにきていたのだという。その和信百貨店も今やもうない。

ちなみに、三越百貨店時代にも食堂はあったようで、太平洋戦争の初期まではお子様ランチやオムライスを食べることができたそうだ（金昌國著『ボクらの京城師範附属第二国民学校』より）。ただ、ソウルの人々にデパートでの食事体験を広く開放した功績はといえば、ロッテデパートのほうにある。

新世界百貨店の写真も無事撮れたので、散歩がてらホテルまでゆっくり戻った。ようやく起き出してきた家族と、今日はロッテデパートへ行くことになっている。

デパ地下で定食三昧！

泊まっているプラザホテルからロッテデパートは目と鼻の先だ。ロッテホテルならもっと近いのだが、利便性のよさもあってパック旅行ではなかなか人気があり、こちらは安くない。まあそれはさておき、ロッテデパートのビルには免税店も入っているので、観光客は必ずといっていいほど訪れる場所である。私は免税店などどうでもいいのだが、このロッテデパートの地下にあるフードコートはとてもステキな場所なので、足を向けないわけにはいかない。アジア諸国のデパートは、日本と現地のニーズが混淆《こんこう》している場合が多く、とりわけデパ地下にあるフードコートでは興味深い定食文化が見られるのだ。

ロッテデパートは1970年代末に、銀行だったところを新しく建て替えたものだ。韓国在住のジャーナリストとして高名な黒田勝弘の『ボクが韓国離れできないわけ』(晩聲社)によると、韓国の百貨店で、従業員がお客に笑顔を見せたり、頭を下げるようになったり、はたまた食堂街やイベント会場を設けたのはロッテが最初だったそうだ。店内の照明が明るくなったのもロッテデパート以降とのこと。もともとロッテは在日韓国人の資本による企業であり、日本の百貨店をモデルに韓国の百貨店を明るく楽しいものに変えていったという。

さて、その食堂街、つまり地下にあるフードコートでランチといこうか。

セルフ式の食堂で、メニューの写真を見て食べたいものをカウンターで注文するシステムだ。いろいろな定食メニューがあるが、見たところ現地でも好まれているようなトンカツ系の定食を家族で食べることにした。トンカツといえば、〈さぼてん〉が明洞《ミョンドン》にあって少し驚いた(家族で入ろうと提案したが「なんで韓国にきてわざわざ日本のとんかつ屋に入らないといけないのよ」と全員から即座に却下される。まあそりゃそうだが)。

カツ丼などもあるが、ここはひとつ、「大きなトンカツ」と「カツカレー」なる定食を食べようか。大きなトンカツは8500W、カツカレーは8600W。6000円~7000円くらいで食べられるものが多いようだ。カウンターで支払いを済ませると、伝票を貼り付けた小さな呼び出し機を渡される。こいつが鳴ったら取りにいくわけだ。まずは例のコップ保管機から金属のコップを取り出して給水器から水を注いでおく。しばし席で待っているとピーピーと音が鳴り、カウンターまで料理を取りに向かった。おお、トンカツもカツカレーもワンプレートだ。

まず、大きなトンカツ定食から。大ぶりの皿にサラダ、ライス、カツが乗り、別皿でカクテキ、ソース、味噌汁が付いている。まずは味噌汁から。ワカメ、ネギ、そして小さな油揚げのようなものが入っている。うむ、これは日本の味噌汁にとても近いね。それにしても、現地の人がスプーンで味噌汁を飲んでいるのを見てちょっと驚いた。

続けてトンカツをむしゃむしゃ。やや肉厚は薄めだが、サクリと揚がっていてうまい。添えられたソースの中に何かの粉が入っていたので「ん?」と思ったら、これがすりゴマ。たしかに日本のトンカツもソースにすりゴマを入れる店はあるなあと納得。サラダにはゴマのドレッシングがかかっていて、これも違和感はない。唯一、カクテキの存在がキラリと韓国的だ。

次にカツカレー。基本はトンカツ定食に似たワンプレートで、薬味としてタクアンとラッキョウが付いている。カレーを食べるとジャガイモ、ニンジン、タマネギ、肉がたっぷりと入ったホームメイドタイプとでもいおうか、バーモントカレー系の優しい味だ。韓国では辛いカレーは好まれない傾向が以前からあったが、どうやらその趨勢はまだ続いているようだ。

今は亡き朝鮮神宮を想う

デパ地下での昼食を終えると、ふたたび明洞《ミョンドン》に向かい、家族でいろいろと買い物をする。子どもたちと並んで、名物の縦長ソフトクリームを食べつつ遠くを見ると、南山タワー、いや今は名前の変わったNソウルタワーの姿が視界に入ってきた。

ちなみに、南山には日帝時代に神社や寺院があちこちに建てられたそうで、当時もっとも有名なのは朝鮮神宮だったそうだ。朝鮮神宮は10年余りをかけて1925年に落慶（寺院が完成したときに使われる言葉）した。その後、45年8月16日に、祀られている神霊を天に送る儀式「昇神式」が行われ、8月24日、御神体は東京へ飛行機で送られ、9月に日本人によって解体され、10月には完全に焼却されたそうだ（『韓国の「昭和」を歩く』より）。ただ、今でも竜山区《ヨンサング》厚岩洞《フアムドン》のあたりに神社の階段が残っているらしい。ちなみに現在ソウル駅からほど近いミレニアム・ソウル・ヒルトンのあたりから南山公園の温室があったあたりまでが、その境内だったという（温室の場所が本殿だった由）。

ただ、今回はそこまで出向く時間はなかった。ただ、ほとんどの日本の観光客は、南山タワーいや、Nソウルタワーがあるあたりにかつて日本の神社があったなんて想像もしていないだろうなと思う。華やかな明洞のそばに朝鮮神宮があったことを思い起こすと、東京の明治神宮と原宿の関係に似ているなとちょっと思うのだった。

金浦《キンポ》空港で海苔巻きを

明洞《ミョンドン》であれこれ買い物をしているうちに、早くも帰国する時間が近づいてきた。今回の旅行はフリープランだったが、空港までの送迎だけはしてくれる。金浦空港に着いた後は帰国手続きをするだけだ。国際空港にしてはずいぶんと気さくな空港で、敷地のなかに映画館やスーパーまであって、なんとも独特の雰囲気がある。そうですね、長距離バスターミナル付きのショッピングセンターとでもいう感じでしょうか。もしくは蒲田の街と羽田空港が合体した感じといってもいいかもしれない（ちょっと飛躍しすぎかな）。

なかでも、映画館付近にフードコートがあり、ここがかなりよい雰囲気を醸し出している。ちょっと試していきたかったが、子どもたちが「ロッテリアに行きたいよぉ」と言うのでとりあえず断念。〈ロッテリア〉にも〈マクドナルド〉と同様、焼肉味のプルコギバーガーというものがあり、これがテリヤキバーガーのようでなかなかうまいのであった。

待てよ、飛行機の時間まではまだだいぶあるな、とふいに気づいた私は、妻と子どもたちにはそのまま〈ロッテリア〉で食べていてもらい、「ちょっとパパの食べるものを探してくる」と、あきらめきれずフードコートへ取って返した。サムゲタンの店もいいが、気になったのは〈ラーメン、おでん〉と記された屋台のような店。アジェマ（おばさん）がふたりで切り盛りしている。セットメニューがあり、「のりまき＋おでん＋トッポギ」で５０００Ｗとか、「のりまき＋ラーメン＋トッポギ」で６０００Ｗなど、すばらしいなあ。そうだ、ここで海苔巻きをテイクアウトしよう。アジェマに聞くと２０００Ｗ。注文すると、つくりおきの海苔巻きを取り出して表面にゴマ油を塗り、アルミホイルにくるんでビニールに入れ、渡してくれた。

その後、〈ロッテリア〉で待っていた妻と交代し、彼女も最後の買い物へと出かけていった。

帰国の飛行機に乗り込むと、あっというまに羽田に到着。とはいえ、もう22時だ。

自動車に荷物を積み、往路と同様に妻の運転で首都高速からベイブリッジを渡る。いつもはきらびやかなみなとみらいの明かりが震災による節電でほとんど消えており、「ああ、〝現実〟に戻ってきた」としみじみ思った。よし、家族みんなで頑張って生きていこう。

自宅に着いたのは午前零時少し前。いろいろ後片づけをしてから、アルミホイルをごそごそ開けて海苔巻きをほおばる。キュウリ、スパム、タクアン、玉子焼きが入った、まことに正しいキムパッだ。うまい。買ったのは数時間前だけど、なんだか夢のようにも感じる。

できれば、あの店でラーメンやおでんと一緒に食べたかったたな。まあ、また行けばいいのだと思いつつ、もうひと切れをつまんで、もぐもぐごくんと飲み込んだのであった。

高速ターミナル・明洞《ミョンドン》・新沙洞《シンサドン》（カロスキル）編――2012年春

前回の訪問からちょうど1年経った２０１２年春、またしても家族でソウルを訪れた。

今回向かったのは江南《カンナム》の地下鉄、高速ターミナル駅。韓国は高速バス網が発達しており、その高速バスの大ターミナルであるセントラルシティと地下鉄の高速バスターミナル駅は直結している。韓国では朴正熙《パク・チョンヒ》大統領の時代（１９６０年代後半）に、高速道路（韓国では高速国道という）が整備され、それとともに全国を結ぶ高速バスも発達していった。韓国内を行き来するにはとても便利な交通機関である。おそらく日本の高速バス以上に親しまれている存在だ。90年の初渡韓の際にも使用し、バスターミナルでおでんとうどんを食べた。バスターミナルは当時からすでに大きな駅のように活気にあふれていた。

今回私たちが泊まるホテルはそこから10分ほど歩いたパレスホテルだ。旅行会社が割り振るシステムなので、意図してここを選んだわけではなかったが、結果的にはとてもよかった。というのも、ホテルから少し歩くとソウルの高層団地街になり、まさに今のソウルの普通の生活を眺めることができたからだ。普通の街でも日本料理の店は比較的多く、日本食の浸透ぶりが窺えた。

セントラルシティでチャーシュー丼を食べる

到着した日の夕方、パレスホテルからふらふらセントラルシティまで歩いてくると〈麺武士〉というラーメン屋を見つけた。麺だけではなく、カツ丼のようなものをはじめ、いろいろとあるようだ。チャーシュー丼がすごく気になったので入ってみたい。でも、さすがにソウルに着いて早々ラーメン屋だなんて、家族は絶対に同意してくれないだろうな。

「みなさん、パパはここで食べたいんだけど、いい？」

妻と子たちはあきらめ顔で「じゃあ、食べてくれば」と言う。（やった！）

「あのさ、あそこに〈マクドナルド〉があるからそこにいたらどうかな？　食べたらパパもそっちに行くから」

かくして、女子たちはみんなでまたもやプルコギバーガーを食べていたらしい。

家族旅行も回を重ねてきたせいか、彼女たちも私の動向に少しずつ理解を示してきた、というより、あきらめつつあるといったほうが正しいのかもしれない。ただ、あんまり暴走してしまうと女子3人の怒りを抑えきれなくなるだろうから、そのあたりの読みはちょっと難しいところだ（笑）。中1になった上の娘も、小4になった下の娘も完全に妻の味方に回るため、私

チャーシューとともにタクアンも乗っている

の単独行動や定食研究行動へのツッコミは、かなり激しくなってきていた。

さて、店の前でチャーシュー丼の値段を確認すると8500Wのようだ。今回も1000W＝8〜9円なので、700〜800円というところ。日本と同じようにテーブルの上には、水の入ったポットとコップが伏せてある。店員にメニュー表のチャーシュー丼を指で示すと、「チャシュドンデスネ？」と日本語で言われた。「はい、そうです」と日本語で返してしばし待つ。

それにしてもいろいろなメニューがあるなあ。焼きそばがおいしそうだが、ずいぶんさまざまな具が盛り付けられ、「装飾」がなされている。ムール貝が乗ったものまであるよ。ラーメンの上にもいろんな具材が乗っている。エビフライまであるじゃないか。「よくまあ、いろいろと考えるな」と感心していると、チャーシュー丼が登場。スープも付いている。

丼の上には、厚めにスライスした豚肉の煮たもの、ネギ、中央に生玉子の黄身、紅ショウガ、タクアンが乗っている。やはりビビンパの国だから混ぜて食べろということだろうなとグリグリ攪拌《かくはん》。混ぜ終わったら、とりあえずスープを。うん、これはめんつゆにネギが入ったものだ(笑)。ずいぶんスゴいものが出てくるなと思いつつ、こんどは丼を。よかった、こちらはほとんど日本で食べるものと遜色のない味だ。日本のラーメン屋で出てくる焼き豚丼とも似ているし、わが故郷、今治の名物・焼き豚玉子飯ともどこか似ている。「日本の食べ物」としてこのチャーシュー丼をつくろうとしたのだろう。とくに紅ショウガとタクアンが配置されているところが、「韓国から見た日本」なのだろうな。

教保文庫《キョボムンゴ》の寺山修司

さて、家族を〈マクドナルド〉へ迎えにいくと、ちょうどほぼ食べ終えたというところで、そのまま〈麺武士〉の前にあった大きな書店にみんなで入ることにする。教保文庫という店名だ。ソウルの書店はとても巨大だけど、この高速バスターミナルの書店も果てしなく広い。雑誌売場、教科書売場、玩具売場、文房具売場、雑貨売場、さらにロフトのようになった2階には日本の本も売られている。なかでも文庫本が70％オフになっているコーナーが目を引いた。どうやら日本から仕入れたがダブついたものらしい。水木しげる、千曲川のスケッチなどなかなかシブいものが多い。寺山修司『誰か故郷を思わざる』の新装版があるじゃないか！　日本円で438円、5500Wの正価だったが、7割引で1650W。120〜130円とは安い。これは買いだ。「これも買ってよ〜」と子どもたちが持ってきた、なんだかよくわからないキャラクターのシールと一緒に購入。ソウルの郊外で寺山修司を買うというのもなかなかオツなものだね。

ソウル市電で往年の京城《けいじょう》を想う

ソウルの東部にオリニ公園という遊園地があり、そこにずっと放置されていた市電が先ごろソウル中心部の歴史博物館に移されたらしい。市電の現物はふたつしか残っていないということで、もうひとつは科学博物館にあるそうだ。

ということで、ソウルの2日目はまず、朝から歴史博物館を訪れることにした。地下鉄光《クァン》化門《ファムン》駅から徒歩10分くらいか。道のだいぶ手前から徐々に市電が見えてきて、なんだか興奮してくる。到着すると、博物館の前に市電の車両が置かれていて、しっかりと修復されていた。そばには乗客と見送る人の銅像まであり、なんともリアリティがある。到着したのが9時55分だったので、開館時間の10時まで少しだけ待つ。その間にプレートを読むと、1930年ごろから68年11月までの約38年間走っていた電車だとのこと。市電自体は1899年から走りはじめ、60年代初頭までは民衆の大事な交通手段だった。しかし60年代半ば以降、バスや自動車に押されて競争力を失い、68年に市電の運転は一斉に中断となったそうだ。へえ。日本の都電や市電がたどった道とまったく同じだなあ。

かくして10時になると、博物館の人が現れて市電の扉を開けてくれた。なんと市電に乗り込むことができるのだ。わくわくしつつ中に入ると、ここも保存状態がよい。吊革や広告まで再現されている。運転席の装置には三菱のマークが。感動だなあ。この市電が市内を走っている想像をちょっとばかり膨らませるのであった。

金昌國著『ボクらの京城師範附属第二国民学校』

乗客と見送る人の銅像がいい感じ。車両の保存状態もナイス

は、40年代前半の戦前の京城のようすがとてもよくわかる名著だ。金昌國さんは本のタイトルにある京城師範学校附属第二国民学校に通っていた。学校は黄金町5丁目（現・乙支路五街《ウルチロオガ》）にあり、同じキャンパス内には師範学校、日本人師弟用の第一小学校と朝鮮人用の第二小学校があったそうだ。金さんは、自宅のあった鷺梁津《ノリャンジン》から国民学校まで市電で通学していたそうだ。

本文から少し引用する。

「私の通学の電車の経路は次の通りだった。漢江人道橋（以降筆者註・現漢江《ハンガン》大橋）を渡り、竜山鉄道官舎と日本軍の竜山部隊の前を通って京城駅（現ソウル駅）に至る。さらに南大門、三越百貨店（現新世界デパート）を通過し、黄金町入口（現ロッテデパートのあるあたり）で右折し、黄金町（現乙支路）に入って、一丁目から五丁目まで走る。私は黄金町五丁目で降りるのだが、降りるとすぐ目の前が学校の正門だった。電車の終点は、そこからさらに二つ目の、東大門の電車倉庫である」

往復2時間かかったが、窓の外の風景を眺めるのは愉快だったそうだ。

ちなみに、彼の住まいのあった鷺梁津はすぐそばに地下鉄1号線の駅があり、水産市場もあるため、その場で魚をさばいて刺身を食べさせてくれるので、海産物好きの観光客が集まる場所としても有名だ。漢江人道橋は漢江鉄橋とともに、朝鮮戦争の勃発時、迫りくる北朝鮮軍を防ぐべく爆破され、多くの市民が橋とともに犠牲となった。さらに、多くの人が逃げることもできずにソウルに取り残されるという悲惨な事態につながるきっかけとなった橋でもある。

ホテル新羅《シーラ》の建つ場所は……

今回も送迎のみのほぼフリーツアーではあるが、半日観光だけが付いていた。といってもほとんど免税店巡りなのだが、おかげで南山にあるホテル新羅を訪れることができたのは、ちょっと私にはうれしかった。何度もソウルにはきているが、ホテル新羅ははじめてだ。

特一級の豪華なホテルで、ビルのなかには高級ブランドの入ったアーケードがあり、ブランド好きの観光客にとってもステキな場所にちがいない。それにしても、このあたりの空気は清々しくてよい。

さて、なぜ私がうれしかったかというと、ここが「歴史的」な場所だからだ。南山に朝鮮神宮があったことは前述したが、このホテル新羅の建っている場所には博文寺があったそうだ。名前の通り伊藤博文を祀ったお寺で、29年12月に政務総監・児玉源太郎の発起により、鉄筋コンクリート2階建、建坪367坪の大伽藍が築かれ、京城《けいじょう》の名物だったという。韓国で安重根《アン・ジュングン》に殺された伊藤博文の神社があったことは訪問前に知ったのだが、ちょっと驚いた。

奇しくもその跡地に超高級ホテルが建つとは、なんとも時代の皮肉を感じさせる。

久々の梨泰院《イテウォン》で石焼きビビンパと冷麺

一家そろっての半日観光も終わり、最後は梨泰院での昼食が待っていた（この食事もパックに含まれている）。１９９０年にはじめてソウルにきたころは、梨泰院は革製品を格安で買える地域として有名だった。今もその流れは変わらないが、江南《カンナム》地区が著しく発展したため、日本人はそれほどこなくなった。

この地区は龍山区《ヨンサング》であり、日帝時代は日本軍の大きな駐屯地があり、戦後はそれがアメリカ軍に替わった。今でも大きな米軍基地がある。そうだ、どことなく横須賀に雰囲気が似ている。革製品がスカジャンに相当する感じだろう。横浜・横須賀をこよなく愛すＣＫＢ（クレイジーケンバンド）の歌「漢江《ハンガン》ツイスト」にも、この梨泰院にあるハミルトンホテルが歌われているな。一時期、安いツアーにはこのハミルトンホテルがよく組み込まれていた。

ツアーで入ったレストランは〈カルビハウス〉という、なんだか高田馬場あたりに普通にありそうな名前の店だった。頼んでいいのは、冷麺か石焼きビビンパ。私が冷麺、家族がビビンパを注文。注文すると素早

器で焼き付けると香ばしくなる

極細の麺がツルツルおいしい

く登場した。冷麺はキュウリ、玉子、肉、大根などが入り、極細のコシのある麺。これはおいしいなあ。さらに韓国の店らしく、キムチ、ナムル、青菜の炒めたものなどがサービスで出てくる。それを食べていると石焼きビビンパも登場。ジュージュー音がしているところを徹底的に混ぜる。石の器に押し付けるとお焦げになって香ばしいよね。子どもたちがあまり食べないので、ちょっとだけもらう。

基本的にいつも彼女たちは「混ぜごはん系」はあまり食べない。私は定食主義者であり、白米至上主義者なのだが、白米好きなところは子どもたちに遺伝というか、継承されたようだ。まあ私は大人なので、そりゃ白米がいちばんだが、混ぜごはんもおいしく食べちゃうけどね。石焼きビビンパはちょっとパリパリした感じになっていて、なかなかおいしい。ちょっと辛味も欲しかったのでコチジャンとキムチも加える。しみじみと、今俺はソウルにいるのだなあと実感するのであった。

地下商店街のミニシュークリーム

〈カルビハウス〉を後にして、ツアーバスを明洞《ミョンドン》で降ろしてもらう。娘たちは先ほどあまり食べていなかったので、毎度のごとく「おなかが空いた」とのたまう。「しかたないなあ」と、地下商店街に降りて軽食を探してみた。おお、去年食べたワッフルの店がまだあるじゃないか。

買いあたえると、すぐに手にとって食べはじめる子どもたち。私も何か食べようと思い、その近くにあるパン屋で売っていたミニシュークリームを買う。1個400Wはワッフルに比べると高いが、食べてみるとカスタードがしっかりと濃くてとてもおいしい。ソウルのパンや洋菓子のレベルは、この20年間のあいだに格段の進歩を遂げているようだ。

〈五友家《オウガ》〉で三枚肉定食

その後、明洞《ミョンドン》でいろいろ買い物をしているうちに、夕食の時間を迎えた。

前回行きたかった豚焼肉の店〈五友家〉に行ってみよう。ここはじつに定食屋テイストに満ちた焼肉屋だ。店の入口には釜が3つ置かれていて、いずれも火がついている。ごはんを炊いているの

ソウルの洋菓子のレベルはとても高くなった

このお釜を見ているだけでおなかが空いてくるね

だ。もうこれだけで入りたくなりますよね。玄関のドアを開けると、民俗調の店内で、元気のよいアジェマが席に案内してくれる。三枚肉定食1万2000W。950~1000円くらいか。この値段でフルコースの豚焼肉コースが食べられるのはシアワセだよ。

注文すると飲み物も訊かれるが、家族の冷ややかな視線を恐れ、ビールではなく無料の水にする。まずはサンチュ（サニーレタスやエゴマなど）がたっぷり、そして白菜キムチ、イカのキムチ、栄養のあるタレ、普通のタレ、青菜、厚揚げの揚げたもの、何かコリコリした食べ物、海苔、味噌汁、そして竹の容器に入ったごはんなどが続々と出てくる。いやあ、韓国の定食は小鉢というかおかずが豊か

写真右手の紙がかかった器が炊き込みごはん

なのが本当にいい。

　さらにおかみさんが三枚肉とともにやってきて、テーブルで焼いてくれ、適当な大きさに包丁で切ってくれる。それをサンチュにくるんで食べてもいいけど、日本の定食的にごはんのおかずとして食べてもいいわけだ。

　とりあえず最初は味噌汁から。ちょっと濃いけど、日本の味噌汁にとても近い味。続いて竹の器から蓋になっている紙をとると、これがナツメや豆などが入った炊き込みごはんだ。食べると米はやや硬めだが、穀物のおいしさがたまらない（ただ、困ったことに「混ぜごはん」なので子どもたちは見向きもせず、肉ばかり食べていた）。

　豚肉はまずサンチュで巻いて食べ、あ

とは前述のようにタレをつけて食べる。うん、これで日本の豚焼肉定食のようになったぞ。この食べ方で進めてもみたかったが、「郷に入れば郷に従え」ともいう。やはりいま一度サンチュで巻いて食べる方式に戻したのだった。

駅ナカのさつま揚げ

おいしい夕食を済ませ、みんな笑顔で店を出ると、地下鉄でホテルのある高速ターミナル駅まで向かう。地下鉄の乗換駅であると同時に、駅名の示す通り、韓国全域に出ていく高速バスのターミナルだから、駅ナカ、駅ソトとともにものすごく発展しているのだ。

駅ナカだけでもかなりいろいろな食べ物がある。たとえば、スナック（軽食）の店で魚の練り物を売っている。「アジアといえば魚の練り物だよな！」とヒザを打ち、ウインナー巻きのようなものを買う。1500W。かじりつこうとすると、下の娘に横から取られてしまった。やっぱり、さっきの焼肉屋で「ごはん」を食べていないから、まだおなかが空いているんだな。また、彼女は前回のソウル以来、屋台にはおいしい食べ物があることを体得していたから、めざとく反応したのだろう。ウインナーも大好きだしね。しかし、彼女がかぶりついたあとを見ると、中に入っていたのはウインナーではなく、意外にもカニかまだった。それでも「おいしい、おいしい」と言ってすべて食べてしまう。よほど気に入ったようだ。

さつま揚げの中に覗いていたのはカニかまだった！

忠武《チュンム》キムパッをホテルで食べる

　さつま揚げを食べ損ねてしまった私は、明洞《ミョンドン》で食べてみたかった忠武キムパッをテイクアウトで購入してみた。6000W。海苔巻きとキムチを分けてパックしてくれる。

　ホテルに戻って開いてみると、海苔巻きは10個、別の容器にはオイキムチ（大根）とイカのキムチが入っていた。前者はただごはんを海苔で巻いたシンプルなもの。俵型のミニおにぎりだ。キムチはたっぷりと入っている。オイキムチは辛く、イカキムチはそれほどでもない。いずれにせよ、おかず力も高いが、これはビールのつまみ力もかなり強いだろうなと、ふだんはあまり飲まない缶ビールをプシッと開けるのであった。

レベルの高いカフェのモーニングセット

3日目の朝。例によってホテルでは朝食が出ないので、子どもたちと近くのカフェでモーニングセットを食べることにした。

それにしても、ソウルにくるたびにカフェのレベルに驚く。とりわけこの高速バスターミナルそばには多くのマンションが建ち並び、ベッドタウンの様相を呈しているのだが、そのせいかステキなカフェがいくつもある。カフェ文化が急速に進化しているようだ。

ホテルのそばのカフェに入る。愛想のいいお姉さんがひとりで切り盛りしており、2種類のモーニングセットを注文。

サンドイッチは4800W、クラブサンドは6

忠武キムパッで買ったイカキムチ（上）とオイキムチ（下）

８００Ｗ。ともに飲み物付きで、オレンジジュースとコーヒーにした。オレンジジュースは生のオレンジを絞ってくれたよ！　まずサンドイッチから。なんと玉子サラダにイチゴジャムの組み合わせである。一瞬「うっ」と思ったけど、アメリカでもピーナッツバターとグレープジャムの組み合わせがあるからなと思って食べると、イチゴジャムの甘酸っぱさと玉子サラダのおかず感が相俟《あいま》って絶妙なおいしさだ。そうか、このパターンでもいいんだ、日本に帰ったらつくってみようと思った。続けてクラブサンド。こちらはレタス、トマト、チーズ、そしてツナの入ったまさに正しいサンドイッチ。これも丁寧なおいしさだ。子どもたちも、このサンドイッチは両方ともすごく気に入ったようでよく食べた。

玉子サラダとイチゴジャムのサンドイッチ（写真右手）が意外においしい

またしてもロッテワールドへ

朝食を食べた後は地下鉄に乗ってロッテワールドへ。これで3回目だ。わが家にかぎってはディズニーランドよりよくきているよ（笑）。

乗り物に乗ってさんざん遊んだところでランチタイム。今回はオムライスの店〈オムトマト〉にした。韓国ではオムライスもとても愛されている食べ物だ。おそらく戦前の日本の洋食と、戦後の日本食の流入から根づいたものと思われるが、著しく現地化を遂げているのが特徴だ。

家族4名で入ったが、一品の量がわからないので、とりあえずは3人前でいいか。きのこオムライス7900W、ハンバーグオムライス1万1900W、そして韓国っぽくプルコギオムライス、これも1万1900Wである。注文すると、水が出てきたのでそれを飲みつつしばし待つ。

まずはきのこオムライスが登場。ひと口ほおばるとなんとこれが辛い！　中身のライスはネギ、ニンジンなどが入った白いピラフで、玉子の上にはきのこなどの入ったトマトソースがかかっている。辛いのはトマトソースのなかに入っている唐辛子のせいだろう。大人の私には後を引く味でおいしかったが、子どもたちは敬遠していた。ハンバーグオムライスも、中身は白いピラフで、こちらはなんとなくハーブの風味。玉子も薄焼き。プルコギオムライスは石焼きの器で出てきた。玉子はとろとろ系、焼き肉（プルコギ）、海苔、トマト、何かの天ぷら、厚

揚げなどいろいろと乗っている。韓国的に混ぜて食べればいいのだろうけど、やはり日本人なので、気がつけばわりとそのまま食べてしまっていた。

3つのなかでは変化球の効いたプルコギがベスト。やはり混ぜて食べるほうがよかったかなと思いつつ、静かにスプーンを動かすのだった。

焼きとうもろこし2800Wは高いか？

今回ロッテワールドで食べたスナックは、棒に刺さった焼きとうもろこしだ（前回も明洞《ミョンドン》で食べたが）。2800Wと安くはないが、USJ（ユニバーサル・スタジオ・ジャパン）のジュラシックパークのところで売っているとうもろこしは650円もするので、それに比べたらいいかなと。まあ、USJのものは、粉チーズとチリパウダーがかかってライムも添えられ、付加価値をずいぶ

プルコギオムライスには漬物が2皿も付いてくる

んつけて650円っぽくはしてあるのだが。

ロッテワールドの焼きとうもろこしはそんなに凝ったものではなく、いたって素朴な感じ。食べるとほのかに醤油の味が香って、まあ、とうもろこし的においしいのだった（当たり前だ）。

それにしても、テーマパークと「とうもろこし」って、密接に関係しているよね。仮に焼きとうもろこしはなくっても、とうもろこしを加工した「ポップコーン」は必ずあるからなあ。

駅ナカのベビーカステラ

それにしても韓国は間食の誘惑が多い。

ロッテワールドからホテルに帰ってくる途中、またしても高速ターミナルの地下通路でカニかまの入ったさつま揚げを買ってほしいと下の娘が言う。ああ、買い食いでカニかまに目覚めちゃったなと思いつつ、またそれを買う。あっ、こんどは自分の分も買わなくちゃ（ちなみに彼女は帰国後、カニかまを単品でも食べるようになった）。

隣では猛烈においしそうなベビーカステラも売られている。日本でも露店でよく売っているあれですね。3000Wとあまり日本と変わらない値段だけど、まあいいか。食べようと手にとると、ひとつひとつが小さなとうもろこしの形をしている。とてもかわいい。かじると中にはとろりとしたカスタードクリームが入っていて、日本のものより豪華なのだった。こういう粉物はどこに行っても買ってしまうなあ。

24時間スーパー〈ホームプラス365〉

今回のホテルはソウル中心部でもなく、ややハイソな蚕室《チャムシル》でもなく、わりと普通の住宅地に近く、駅の周りには多くの団地があり、それに付随してスーパーも複数あるようだ。

基本的にスーパーで買い物をするのは大好きなので、いくつかのスーパーを巡った。そのなかでもちょっと小さめのコンビニ的なスーパーで目をひいたのが〈ホームプラス365〉。ここではチョコブラウニー（訪問時とても流行っていた）やスナック菓子やら飲み物やらいろいろ買ったが、同時にごはん系の軽食もゲット。

まずはツナおにぎり700W。子どもが日本で好きなツナの入ったおにぎりを食べたいと主張したので買ったが、食べるとなんとツナが辛い。さすがはキムチの国だ。結局、これは半分以上私が食べることになった。そしてキムパッ、海苔巻きですね。1000W。ちゃんとひと口サイズに切り分けられていた。中身はカニかま、タクアン、ハム、しいたけ、キュウリ。期待しないで食べると、あっさりしていて意外にもおいしかった。

こう見えてけっこうボリューミーなハニーブレッド

フードコートでハニーブレッドを食べる

4日目。ゆっくり起きて、今日もまた地下鉄で明洞《ミョンドン》まで行くことにする。遅めの朝食を食べよう。子どもと一緒に動いていると、なかなかすべての食事を定食で、というわけにもいかない。韓国の焼き魚定食などを食べてみたかったが、そうもいかないのが少々辛いところだ。

とりあえず前回と同様ロッテプラザのフードコートにやってきた。ハニーブレッド5500Wとフライドチキンを1900Wで買う。

よく考えると、子どもたちは日本にいるときから、朝食はほとんどパンであった。たまに焼きおにぎりや前夜の残りのカレーライスを食べているようなこともあるが、どちらかといえば、それはイレギュラーなことなのだ。なので旅行にきても、ブッフェでもないかぎり、朝食でごはん系の店に付き合ってもらうことはハードルが高い。前回の旅行で〈里《イ》門《ムン》ソルロンタン〉に連れていかれ、好みに合わなかったことを警戒している節もあるようだ。

それはさておき、ハニーブレッドはものすごいボリュームだった。1斤丸ごとトーストされたパンはシュガーでコーティングされ、さらにその上からアイスクリームとチョコが乗っている。これは満腹になりそうだなあ。それでも５５００Ｗはちょっと高いけど。

時代に先駆けた〈ダイソー〉のコーンアイス

明洞《ミョンドン》には日本の１００円ショップ〈ダイソー〉があり、１０００Ｗを中心としていろいろな買い物ができる。日本とは品ぞろえが異なるのでかなり楽しく、旅行中は何度も訪れた。お菓子や食べ物も売っているので、その点もうれしい。

ちょっとアイスでも食べたい気分なので探してみようか。安いものは５００Ｗからあるな。あっ、コーンアイスだ。子どものとき、とうもろこしの形をした最中の皮に入ったとうもろこしアイスがあって大好物だった。当時はまだ家に内風呂がなく、歩いて5分のところにある銀星湯という銭湯まで両親と行っていた。隣には町工場があって、その入口付近に置かれたアイスボックスを探り、時折買ってもらうのがすごく楽しみだった。30円だったかな。

さて、韓国〈ダイソー〉のコーンアイスはスティック型[※5]で、食べるとなんとコーンポタージュ味。なかなかおいしい。とうもろこしの粒なども入っていて、さらに驚いたのであった。

※5　2012年9月、赤城乳業の人気アイス、ガリガリ君に「コーンポタージュ味」が加わった。日本のお菓子をリスペクト、もしくはコピーするのが得意な韓国だが、こちらは韓国のほうが早かったわけだ

ブッフェレストランで食べ放題に挑戦

明洞《ミョンドン》では途中、私が単独行動で新村《シンチョン》のブックオフに行ったりしていたので、家族の機嫌はいささか低下した（かなりという説も）。単独行動をとったら、ある程度神妙にしておかないと後で大変なことになる。ということで、戻ってきてからはおとなしく女子たちの買い物に付き合い、高速バスターミナル駅まで地下鉄で戻った。

夕方近い時間になっていたが、こんどはこの高速バスターミナル駅の周辺で買い物をする。駅ビルの3階には大きな花市場があり、生花だけでなく造花やラッピング用のリボン、さらにはインテリア雑貨などもたくさんあり、私以外の家族（つまり女子たち）は夢中になってラッピングリボンや造花などを買いはじめ、機嫌はどんどんよくなった。よかった〜。

4階の寝具売り場で韓国式の枕などを眺めていると、あっというまに夜になってしまった。

高速バスターミナル駅近くの花市場。その華やかさには思わず目を瞠る

さて今夜の食事はどうしようか。

旅行のあいだ、一度くらいホテルのブッフェにでも行こうかと駅の近くを歩いていると、ずいぶん混んでいるブッフェレストラン〈MUSCUS CLASSIC〉に遭遇した。なんだかとてもおいしそうだ。子どもたちも「ここがいい！」と言うので値段を見ると、大人3万9000W、子ども2万2000W。まあそんなもんだろうかと思い、入店。ただ、日本とは食べ放題のシステムがちがっていて、なんと時間は無制限。エラいなあ。

さて、何から食べようかな。とりあえず寿司のコーナーから攻めてみよう。寿司はアナゴ、マグロ、いなり、サーモン、そしてカリフォルニアロールとバラエティ豊か。シャリはやや小さいものの、日本で食べるものとほとんど遜色がない。私が研究しているいなり寿司は小型の三角形で、ゴマが入った酢飯がうまい。続いてサーモン（スモークサーモンかな）、サラダ（レタス、ミックスベジタブル、ただしナッツも入っていて香ばしい）、チーズなどを食べる。次にスパゲティのコーナーへ。4種類頼めるようなので、その場でペスカトーラをつくってもらう。エビ、アサリ、イカなどが入ったトマトソースがおいしい。

そしていよいよステーキだ。焼くのをお願いしておくと、テーブルまでお兄さんが運んできてくれる。なんとやってきたのは骨付きカルビ！　そもそもはシーフードのレストランらしいが、カルビもとてもおいしくて感心する。続けてケジャン。これはワタリガニの辛子味噌漬。ビニールの手袋をしてカニ味噌の部分をチューチュー吸った。

これだけ食べているとけっこうおなかもいっぱいになってきたが、小さなざるそばで箸休めをすると、また少し食べられそうになった（近くにあった天ぷらは取り忘れた！）。

そうだ、先ほどの骨付きカルビと刺身でごはんを食べよう。刺身もテーブルまで運んでくれるらしく、注文して待っているとマグロ、サーモン、イサキの立派な3種盛りがやってきた。よしよしと白いごはんをよそってきて一緒に食べる。うまいなあ。こういうブッフェでも、結局は「定食」として食べてしまう私であったが、なんと、定食には付き物の汁をうっかり忘れていた。

もちろん味噌汁などもあるのだが、この店は広義で「汁」の仲間に入る飲み物も充実してい

贅沢な「定食」をば。手前左からごはん、骨付きカルビ、刺身3種盛り！

た。イチゴ、キウイフルーツ、オレンジの絞りたてジュースをつくってくれたり、驚くべきことに生ビールまで飲み放題なのだ。妻が途中で気がついて俄然《がぜん》色めきたち、私も自分でサーバーから注いで飲みはじめた。スゴいなあ。もちろんコーラなどのソフトドリンクも好きなだけ飲める。

デザートも、多種多様なケーキが並び、アイスクリン（アイスクリームとは異なる昔懐かしいさっぱりした味）があったりと、全体的にたいへん充実している。

店内にはほとんど日本人客の姿はなく、お金持ちっぽい身なりの韓国人ばかりだ。そんな場所にあって多くの日本料理が提供されているところに、韓国における日本料理の浸透度合を感じるのであった。

さりげなくナゾの日本語が記されたおにぎりのシール

高いだけのことはあるテイクアウトおにぎり

5日目。いよいよ今日が最終日だ。朝10時にホテルをチェックアウトし、荷物を預けて高速バスターミナルの駅に向かうと、駅の近くにあるうどん屋でおにぎりのテイクアウトを見つけた。ずいぶんとおいしそうだったので、朝ごはんも兼ねて買ってみようと値段を見る。2000W。高いなあ。包み紙には〝おにぎりとィぎゆうどん〟と書いてある。よくわからない（笑）。時折ヘンな日本語に出合うのも海外旅行の楽しみだ。

とりあえず買って包みを開けてみると、表面に白ゴマと黒ゴマ、中にはワカメが練り込まれている。食べるとホカホカしていてつくりたてな感じ。さらに、具として甘いそぼろ肉が中央に控えていた。こりゃなんともレベルの高いおにぎりだなあ。

新《シン》沙《サ》洞《ドン》の露店でイモ天をかじる

妻の希望で、最終日はカロスキルというオシャレな街に行くことになった。まあここで服やら靴やらを見たいというわけだ。大きくいえば蚕室《チャムシル》と同様、漢江《ハンガン》の南、つまり江南《カンナム》になり、駅でいうと、新沙や狎鴎亭《アプクジョン》洞《ドン》となる。街路樹に囲まれた通りを有する街で、歩いていると表参道や代官山にちょっと雰囲気が近いように感じた。

たしかにオシャレ服屋や雑貨屋などが目立つが、大きな通りを横丁に折れると、サラリーマンのおっさんたちが密集している食堂などもある。なんだか「代官山と恵比寿」の関係にも似ている。何をかくそう、私は昼間はほぼ毎日その地区にいるので、よくわかるのですね。そういえば、代官山に〈キルフェボン〉というケーキ屋があったが、あのあたりでガイドブックを片手に、途方に暮れているようすの韓国人のお姉さんを時折見かけたものだ。あれは我々がこのカロスキルでうろうろしているのと同じ状況なんだろうな。

サラリーマン御用達の食堂には著しく興味がそそられたが、さすがに家族連れで入るには厳しい佇まいだったのと、妻に行きたい店があったので、先を急がねばならなかった（最終日なのでそれほど時間もなかった)。その店とは、「植木鉢プリン」で有名な〈banana tree〉というカフェ。なんでも小さい植木鉢に入ったプリンで、上には食べられる花が咲いていてとてもかわいいのだそうだ。へえ、という感じで妻についていって、なんとかその店までたどりつく。これがあなた、日本のお姉さんがたも好きそうな手づくりカフェ系の小さなお店で、自由が丘の裏道などにありそうな感じだ。やはりオシャレなお姉さんがプリンをつくりはじめ、妻は無事お目当ての植木鉢プリンをゲットすることができたのだった。おそらく、こちらのお姉さんたちは相当日本のカフェ事情にも精通しているのだろうな。

時計を見るとそれほど余った時間もなかったので駅に戻る。すると、こんなオシャレな街でも露店が出ているのに気がついた。最初はトッポギでも食べようかと思ったが、地元の人で混んでいたのと、中を覗くと、店の人が「ひとり一品頼まないとダメよ」と日本語で言ってきたので気勢をそがれ、やめておいた。おそらく、日本の観光客が集団で入ってちょっとした注文しかしなかったのだろう。まあしかたがない。

どうしようかと思っていると、近くに天ぷらの屋台を発見。おお、これもうまそうだ。ひとつ買おうと思って見るとイモ天があり、これだなと買う。ひとつ600W。見た目から味から、日本で食べるさつまいもの天ぷらと変わりなく、じつに安定したおいしさなのだった。「私たちも食べたいよお」と言うので、子どもたちの分も買い、道ばたで「ほかほかだね」と言いつつ、かぶりついた。

高速ターミナルでそうめんを

ふたたびホテルのある高速バスターミナル駅に戻る。今回のソウルもあと少しだなあ。それにしても高速ターミナルは食堂天国だ。本当にさまざまな店舗が広がっている。

「そこに回転寿司があるから入ってみない？　子どもたちも寿司は好きだしさ〜」

「外国で生ものなんて危険だわよ。それに韓国まできてなんで回転寿司屋に入らなきゃいけないの？」

前半ごもっとも、後半ややムッとする妻の返答に、やむなく断念。ここで無駄に争っても私の力量では絶対同意にこぎつけられないのは先刻わかっている。ひょっとすると昨日の単独ブックオフ行きの借金はまだ帳消しになっていないのか。植木鉢プリンだけじゃダメだったのね（笑）。

そんなやりとりを見ていた子どもたちが、「じゃあ、ロッテリアに行こう」と提案。はいはい、どうぞと〈ロッテリア〉に入り、子どもセットなどを注文。みんなが食べはじめたところで、「ちょっとだけ、ささっと何かを食べてきていい？」と妻に聞くと、了承を得ることができた。よし！　このひと言を滑り込ませるタイミングがまた難しいのだ。

〈ロッテリア〉を出て素早く食べられそうな店を探す。

おお、すぐそばに食堂があるじゃないか。ちょっと汁物気分だったので、温かいそうめんでも食べることにするか。3500W。

注文すると、キムチとタクアンを持ってきてくれる。麺類でも定食的に食べることができるのが韓国のエラいところだ。そして、たちまちそうめんがやってきた。海苔がたっぷりとコチジャン、ネギが入っている。テーブルの天板下に付いた引き出しにスプーンと箸が入っているのでそれを取り出して、「いただきます！」。コチジャンが入っているので少しだけ辛いけど、体にやさしいそうめんだ。おつゆも上品な味。浅漬けのタクアンもイイ感じだし、キムチもマイルドでおいしい。こういう普通の食堂に毎日通いたいものだ。

金浦《キンポ》空港でいなり寿司を12個

そうめんを食べ終えると〈ロッテリア〉で女子たちと合流し、ふたたびホテルへ。パック旅行の

そうめんにも漬物は欠かせない。まさしく定食的だ

送迎バスがやってきて、金浦空港に送ってくれる。

ああ、もう夕方か。それにしてもこの空港は本当に気持ちが落ち着くな。

前回キムパッを買った店に行き、今回はいなり寿司を買うことにしよう。ただ、いなり寿司単体でのメニューはないらしく、おばさんに交渉してうどんといなりのセット7000Wのところ、いなりだけで6000Wにしてもらった。おまけとしてタクアンとらっきょうも付けてくれた。いやあ、韓国では漬物の存在意義がとても高いのですね。ということで、いなり寿司の包みをぶら下げて飛行機に乗り、無事帰国。駐車場でスーツケースを積み込みわが家へと出発した。

帰りの高速道路で横浜ベイブリッジを越えるとき、みなとみらいに灯る明かりを見つめながら、「ああ、真っ暗だった去年（2011年）とちがって、ずいぶん元のように明るくなったなあ」としみじみ思うのだった。

かくして帰宅後、荷物を簡単に整理し、子どもを寝かせてからいなり寿司の包みを開けた。色白で小さい三角形のいなり寿司が12個も入っている。韓国ではこの形が主流なのだ。油揚げは薄い色で淡泊な味。ワサビも入っていて、いなり寿司にも意外に合うんだな、とうなずきながら咀嚼するのだった。

現地で最後に買った食べ物を帰国後に食べるのって、旅の余韻があってとてもいいですね

〈コラム1〉〜〜〜〜〜〜〜〜〜〜〜〜〜〜〜〜〜〜〜〜〜〜〜〜

外食と衛生思想——日帝時代の京城《けいじょう》

現代の日本に暮らす我々は、どこのお店で食事をしても、おいしくないと感じることはあっても、滅多なことではおなかを壊したり、ましてや伝染病にかかることはない。現在、韓国の状況も日本国内とほぼ同様で、旅行でやってきた日本人たちはさまざまなところで無邪気に飲み食いを楽しんでいる。本文で記した通り私もそのひとりなのだが。

では、かつての時代もそうだったのか？　昔の食事情を調べるときには、人々が何を食べていたかも大事だが、どんな気持ちで食べていたのかを知ることにもとても意義がある。その「気持ち」に関しては、その時代を生きた人々の記録を読むにかぎる。

私が敬愛するジャーナリスト、本田靖春は1933年の京城生まれで、敗戦直後に日本に引き揚げた。そんな本田が少年時代の思い出と現在（出版当時）のソウルのようすを織り交ぜて書いたのが『私のなかの朝鮮人』だ。同書によれば、本田はいわゆる日本人町に住んでいたが（奨忠壇公園そばの西四軒町）、たった一軒の例外として金さんの家が近くにあった。両班《ヤンバン》と呼ばれていて、李朝時代から身分のあった家柄なのだろうと本田は記している。秋になると、豪華な詰め物（小魚、アミ、スルメ、松の実、ナツメなど）の入ったキムチ、そして盆、正月、祭りのたびに餅などの到来物がこの家から届く。しかし、本田の母親は丁重にお礼を言ったあと、すべてをゴミバケツに空けるのだった。本田とその兄弟が母親の行為に不平を言うと、母親は「また赤痢にでもなったらどうするの」と本田を沈黙せしめた。

本田は3歳のときに生死をさまようほどの赤痢に苦しんだ。母親は薬専を出て、娘時代は病院勤めをしたこともあるので、衛生に対しては尋常ではない気配りをした。便所のわきにはクレゾール溶液が用意されていて、用便のあとはもちろん、外から帰ると必ず手の消毒をさせた。

このような背景もあって、なんと本田は京城時代に外で買い食いをした経験がまったくない（唯一の例外は母方の祖母が「内地」から遊びにきていたとき、こっそりとアイスキャンディーを食べさせてもらったことだけ）。

本田の話は極端な事例かもしれないが、いくつかのことを教えてくれる。朝鮮にいたからといって、すべての人が現地の食に通じているわけではないのだ。当たり前だ。現在でも海外に赴任したビジネスマンの家族が、現地の「日本人コミュニティ」からほとんど出ることがないという事例は珍しくない。

そして、現代とかつての時代を大きく分けるのが、衛生思想の浸透と防疫学の進歩であろう。台湾も同様だが、当時日本が海外で展開をしていくうえで衛生の管理にはとても重きを置いていた。趙景達著『植民地朝鮮と日本』によると、日帝時代に朝鮮総督府は朝鮮総督府医院をはじめ、各道に慈恵医院を設置し、僻地では巡回医療を行った。また医専や京城帝国大学の医学部で医師を養成する一方、漢方医である医生のほか、薬種商にも医療行為を行わせた。そして各道には衛生技術員を配置し、海港には港務医官を配置、衛生・医療の巡回講話も行った。

それでも日本人と朝鮮人の罹患率や死亡率には差があった。たとえば27年、仁川《インチョン》では伝染病死亡率が日本人で33％だったのに対し、朝鮮人は67％である。これは伝染病治療では朝鮮人の医療機関や隔離施設が日本人のそれと比べ、ひどい状況にあったため、そこに行くのをいやがる朝鮮人が多く、かといって官立・道立の病院は人口比的にみれば圧倒的に日本人が行くところだったからだ。また衛生の基本となる上下水道や電気・ガスの普及も日本人町を中心に進んでいったという事情がある。こうしたインフラの整備は、外食業においては必須のものだ。

このように衛生面などでは、日本人と朝鮮人に格差はあった。しかし、日本の敗戦によって植民支配から解放された後、韓国における衛生思想は定着、浸透し、より発達した。だからこそ、私は小学生の子どもを連れてソウルの街で安心して買い食いをすることができるのだ。

『私のなかの朝鮮人』を読むと、今の時代の幸せを痛感せずにはいられない。

〈コラム2〉

親切で子ども思いの韓国人

いろいろな国に行くと、その国のやさしさ、親切度などが肌感覚でよくわかる。

これはもう間違いないけれど、韓国の人たちの親切度は抜群だ。本文でも記した通り、1990年に黒崎と一緒に韓国旅行したときにも数多くの親切に触れた。いちばん驚いたのは、ソウルの道ばたで地図を広げて行き先を悩んでいると、おじさんが寄ってきて、ああだこうだと説明してくれたあげくに、いきなり通りかかった車を停めてくれたことだ（タクシーでもなんでもない）。

「この若者たちを連れていってくれ」

と交渉してくれ、我々をその車に乗り込ませた。なんだか話ができすぎているようで、詐欺じゃないかと少し身構えていると、ちゃんと目的地に到着した。運転しているおじさんが「降りて」と笑顔を見せる。お礼を言ってお金を払おうとすると、「ケンチャナヨ（気にするな）」と手を振り、走りすぎていったのだった。

このような親切心は子ども連れに対してさらに加速する。

子どもと一緒にソウルの地下街を歩いていると、向こうからやってきた背広姿のおじさんがいきなりポケットから飴をいくつか取り出して「はい、あげよう」とくれたりする。そういえば、食堂などでも子どもに飴をくれたなと思い出す。ちなみに、ものをくれるということなら、地下鉄に乗っていると き、隣に座ったおじさんがうちの子どもに何やら話しかけ、いきなり腕時計をはずして「これをあげよう」とくれようとしたことがあった。いささか酔っぱらっているようすのおじさんだったが、ずいぶん気のいい人だったな。あまりに申し訳ないので丁重にお断りしたけど（笑）。子どもは大事にする、という「よい文化」が韓国の人たちの心の中にはあるのだろう。

本当に助かったこともある。あれは2007年の訪問時だが、ロッテホテルで間違えてロビーからひとりでエレベーターに乗り、どこか上の階へ行ってしまった子どもを、ちゃんとホテルマンが見つけて送り届けてくれた。ホテルのサービスといえばそれまでだが、ひとりになってベソをかいている子どもを微笑みながら連れてきてくれたホテルマンには本当に感謝した。

そして、ときには叱られることもある。12年に家族で訪れたときのことだ。明洞《ミョンドン》で買い物を済ませ歩いていたとき、下の娘がぱんぱんになった荷物を担がせてくれと言った。肩に背負いながら「昭和時代！」とか言っている。なんでも当時SMAPの中居君が少女時代のパロディで〝しょうわ時代〟というのをTVでやっていて、そこで大荷物を担いでいるシーンがあったらしく、それを真似しているのだ。我々は彼女のおふざけを笑って見ていたのだが、通りかかった韓国のおじさんに「こんな小さい子どもに荷物を持たせて！」と真顔で怒られてしまった。

このように、韓国旅行で実際にいろいろな韓国の人たちに触れてみると、子ども連れで旅行するのにはとてもよい、思い出の残る国だと断言できます。私が言いたいのは、やっぱり実際行ってみないとよくわからんよね、ということなのだ。

台北ほくほく定食ツアー

1895～1945年の日本統治時代を経て、今なお親日的感情が存在する台湾。往年の日本文化と最近の日本文化双方の姿を垣間見ることができる。デパートの食堂を含む百貨店文化などにもその残滓を見ることができ、定食的見地からしてもじつに興味深いものがある。また台北101といったお洒落な最新ビルが林立するなど、新しい台北もすごい勢いで台頭している。

懐かしの台湾で大食事紀行――２００８年夏

はじめて台湾に足を踏み入れたのは１９９０年代前半だった。90年の訪韓時と同じく、畸人《きじん》研究学会の黒崎とふたりで夏の台北《タイペイ》をひたすらフラフラと歩きまわった。街を歩くこと自体が楽しかった。薄汚れた高層ビルや、複雑な繁体字が踊る巨大な看板が無秩序に視界に飛び込んできて圧倒もされたが、歩いている人たちの雰囲気がなによりもよかった。大通りや駅の近くでは忙しそうに行き交う人が多いけれど、ちょっと横丁に入るとのんびりその場に佇んでいたり、慌てず焦らずぺたぺたと歩を進める人たちがたくさんいて、とても心が和む。夜がまたすばらしく、道端に椅子を出して涼んでいるご老人や立ち並んだ屋台の風情がなんとも懐かしく感じられた。毎日が縁日のような感じの街だった。

食事もうれしかった。当時すでに日本のチェーンがかなり展開しており、日頃から「ドトール愛」を公言していた私は、台北でも迷わず〈ドトールコーヒー〉に入ってコーヒーを飲み、ジャーマンドッグを食べた。[※1] もちろん当時から定食は大好物で、米を食べないと元気の出ない体質だったのだが、その点でも台北は安心だった。どこの食堂に入ってもメニューは漢字なのでだいたい想像はつくし、「ごはん＋おかず」の組み合わせが不可能な店はほぼ皆無。食堂に入るのが億劫なときは、新光三越などのデパ地下にあるフードコートへ行けばいろいろな定食を気軽に食べることもできる。そして、食後に町なかで売っているマンゴーミルクを飲めば、幸せ度数は天をつく。暑い国での冷たく甘い飲み物はこのうえなくおいしく感じられる。マンゴーミルクは至るところで売っていた。

こうしたシアワセな思い出を反芻しつつ、あの旅から十数年を経た夏、こんどは家族と一緒に台湾・台北へ行くことになった。

韓国同様、かつて台湾も日本の植民地だった歴史を持ち、東日本大震災の際には多額の義援金を送ってくれるほど現在でも親日的なお国柄である。「食」においても、戦前からの伝統を伝える日本食の面影をいまだに宿しており、その土壌の上で最新の日本食文化も絶えず流入してきている。はたしてそれらは台湾でどのように受容され、どんな変容を遂げているのだろう。

そんな思いを抱きつつ、夏の盛りに家族を引き連れ成田からＪＡＬに飛び乗ったのだった。

※1　まだ実食できていないが、台湾のドトールにはカレーライスやドリアなどもある

夜中の〈家楽福《カルフール》〉

今回の旅のホテルは国賓大飯店、通称アンバサダーホテル・タイペイである。台北《タイペイ》駅の北側、中山北路にあり、ＭＲＴ（台北大衆捷運系統）の雙連駅もまあまあ近い。ホテル自体のグレードはそれほど低くないのだが、たまたま訪問時は改装中で、ロビーのあたりはやや落ち着かない感じだ。

到着したのは夜遅かったが、とりあえず近くの巨大スーパー〈家楽福重慶店〉にだけ家族で行ってみようということになった。近くとはいっても歩いて20分ほどかかる。夜遅い時間帯にもかかわらず子ども相手のパチンコなどを置いたゲームセンターがあったりして賑わっている。夜に人がたくさん歩いているのが台湾の特徴だ。治安もほぼ心配はない。夜なので蒸し暑さもさほど気にならない。最近ではヒートアイランド現象などで東京のほうが暑いくらいかもしれない。

カルフールは深夜零時まで開いている。店の構造自体は南町田や幕張の店舗と変わらないようだ（その後日本のカルフールは撤退)。フランス系のスーパーで、店内に並ぶ商品は日本のそれとずいぶんと色合いがちがう。ただ日本製品がとても多くて、レート換算するとたいして日本と価格も変わらないので購買意欲がわかない。でもボールペンやら修正テープなどはとても安かったので買ってしまった。子どもたちも、前年のソウル旅行で慣れたせいか、シールや絵本を買ってほしいと売り場から持ってくる。はいはい、いいですよと旅行の最中だけはやや太っ腹になっていろいろと買ってしまう。

ただ弁当などは訪れた時間が遅かったせいかあまり売っておらず、パンコーナーのほうに人々が群がっていた。しかたがないので娘たちにはおやつ代わりにスナック菓子やチョコレートなどを追加で買う。台北は米食だけでなく粉食文化もあるので、パン屋も繁盛しているのだ。日本でも〈カルフール〉のパンはおいしかったのを思い出したよ。

ホテルに戻って買ってきたものを部屋に置くと、何か食べたいよねと、みんなでまた外に出てウロウロしてみる。現地のおっさんたちが食堂の中で魚、汁、ごはんというじつに正しい定食を食べている姿がちりと見えた。ものすごく惹かれたが、ひとりならともかく旅行者が家族連れで入れる感じでもなかったのでやめておくか。価格表も何も出ていない店では、注文交渉にも手間取りそうだしね。旅行初日、しかも深夜に近い頃合いのことで、台北の空気感をまだちゃんとつかめていない心細さもあった。

代わりに、途中にあった〈ハイライフ〉というコンビニに寄る。ここは台湾オリジナルの店のようだ。何か弁当はないかなと思って探索すると、トンカツがごはんの上にドンと乗った弁当を見つけた。手に取るとズシリと重い。さすがに夜中にこれは無理かと、さらに物色するとステキな助六弁当が目にとまった。なぜか表書きには〝寿司組合〟というへんてこな名前が印刷されている（笑）。35元は当時のレートで150円くらいなので、まあこれにしようか。台湾といえばマンゴーミルクも欠かせない。探してそれも買う。30元。

あぁ、これじゃあこないだ札幌出張に行ったとき、夜ホテルの部屋でだるま寿司（北海道では助六をこう呼ぶ）とカツゲン（北海道で発売されている乳酸菌飲料）を食べたのとあんまり変わらないな（笑）。余談ついでに、台北では「北海道」のブランド力が高いようで、いろいろな商品の名称にこの3文字が躍っていた。

コンビニの助六は薄味である

ホテルの部屋に戻ると、子どもたちは〈カルフール〉で買ったお菓子を少し食べて、妻とともにベッドへ向かった。さてさて、ひとりになったところで私は〝寿司組合〟を食べるとしようか。玉子巻き寿司と海苔巻き、そしていなり寿司のセットだ。

まずはいなり寿司。「いなり寿司は（日本国内で）南下するほど味が薄くなる」と横浜のコンビニ、〈スリーエフ〉の広報の人が言っていたが、この台北のいなり寿司もやはり薄味だった。小ぶりないなり寿司だが、揚げの内側にビッシリとゴマが付いていて、なかなか芸が細かい。続いて玉子巻き。カニかま、ニンジン、キュウリが入っていてこれも味は薄め。海苔巻きはニンジン、ハム、肉そぼろと日本のものとはかなり異なっており、文化の変容を如実に示しているのであった。

後藤新平がつくった参詣道

中山北路は、私たちの泊まっている台北国賓大飯店《アンバサダーホテル・タイペイ》をはじめとしてホテルが多く、とても賑やかなところだ。道路も立派で広々としているが、その由来を調べるとちょっと驚いた。この道路は日本の植民地時代の1901年、台湾神社への参詣道として開かれたもので、後藤新平によるものだという。

後藤は、第四代台湾総督の児玉源太郎とともに総督府民政局長（後に民政長官）として1898年に台湾に赴任した。児玉は就任後日露戦争などで多忙になり「留守総督」といわれ、実質的な執政権は後藤新平に委ねられた。彼の植民地経営における特徴は、抵抗に対しては徹底的な弾圧を施し、その一方で台湾のインフラを整備したことだ。近代的建築物の建造や港湾の増改築、鉄道の敷設、道路の改修と延長、通信網の整備、公衆衛生事業の推進など、台湾の近代化を推し進めたのであった。後藤によるこれらの「基礎工事」は、後の台湾の発展に大きく寄与している。

中山北路の道幅は約40メートル。いまでもそうだが当時はものすごく広い道路だったはずだ。そのころは台北の西側が栄えていて、宮前道路と呼ばれていたこのあたりはとても寂しいところだった。現在老爺大酒店（ホテルロイヤル台北）がある場所はかつて共同墓地で、アンバサダーホテルのあたりには天理教の教会が建っていたそうだ。

ちなみに戦後日本人がいなくなった後、中山北路はアメリカ兵相手の土産物屋やバーなどで賑わったという。

台湾神社のあった場所は、現在圓山大飯店が立つところだ。圓山大飯店には後日訪れる用事がたまたまあり、偶然（かつての）その参道に宿をとったことにも、何かしら因縁を感じるのであった。

中正記念堂、龍山寺などを訪れる

かくして2日目。韓国とちがって台湾のパック旅行では基本的に朝食ブッフェが付いているので、子連れでの腹ごしらえという意味ではとてもありがたい。さすがに最近では上の娘も何でもよく食べるようになったが、下の娘はまだ好き嫌いが多い。とくに中華料理は日本でもあまり好まない傾向があるので、妻と彼女には、なるべく朝食をたくさん食べさせておいたほうがいいだろう。

保温されて居並ぶ料理は、洋食に中華などバラエティも豊かだ。フルーツもたくさんあり、下の娘はバナナを取り、オレンジジュースを飲んでいる。とりあえずおなかに入れられてよかった。私はまずコーヒーを飲み、ミニ肉まんとチャーハンをたんまり食べ、ヨーグルトで締めた。

いやあ、ブッフェはどうしても食べ過ぎてしまうな。

食後そのままロビーへ。今回の旅行はこの2日目だけ終日観光がセットで付いているからだ。他のツアー客たちも集まったところでバスに乗り込み観光へ出発。パンフレットを見ると、行く先のセレクトはとてもオーソドックスなもので、忠烈祠、中正紀念堂（2007年に台湾民主紀念館となったが、翌年元に戻る）、龍山寺、昼食をはさんで故宮博物館というコースのようだ。

忠烈祠は1969年、中正紀念堂は80年に建てられたもので、双方とも観光バスを停めやすいスペースもあり、なんとも大きな建物なので写真映えがする。高さは70メートルあり、蒋介石の享年89歳にちなんで正面の歩道から2階の正庁までの階段が89段に設計されているそうだ。へえ。次に訪れた中正紀念堂のなかには巨大な蒋介石の座像が。正面から見上げると、なんとも台湾の歴史をしみじみ感じてしまう。そういえば、こういう「偉人」の巨大な像は韓国ではほとんど見かけなかった。そのぶん北朝鮮には山ほどあるのだが。

本来ならば、大日本帝国の遺構である総統府も見ておきたいところだが、観光コースには含まれておらず（バスの車窓から一瞬見えたが）、個人的にもいろいろやることがあり、スケジュール的に厳しかったので今回はスルーした。残念ではあるけど、まあこれまでの訪問ですでに何度も訪れているからよしとしよう。

続けて龍山寺。何度きても龍山寺はいい。じつに雑多なエネルギー感。浅草にとても似ている。横浜中華街の関帝廟ともどことなく似ているが、エネルギー感ではやはり浅草のほうがよ

浅草につながっている気がしてならない龍山寺

り近いだろう。どこかがワープトンネルか何かでつながっているんじゃないかと思うほどだ。浅草寺に詣でた人が角を曲がって突然龍山寺に出くわしたとしても、あんまり違和感は感じないような気がする。龍山寺の向こう側に台湾特有の薄汚れた高層ビル群が見えるのも、じつに味わいがある。

〈點水樓《ディエンシュイロウ》〉で味わう馴染みの点心

龍山寺見物が終わるとランチだ。こういうツアーの食事というと、かつてはほとんどがまずかったが、最近は劇的に状況が改善されている。案内されるまま〈點水樓〉という小龍包《ショーロンポー》の店で飲茶を食べることになった。シェフのひとり張端慶さ

皮の中には熱々ジュワ～の旨みがたっぷり

んは〈鼎泰豊《ディンタイフォン》〉で20年のキャリアを積んだベテランだと『GO！GO！台湾食堂哈日杏子』（まどか出版）で読んだことがある。ちなみに小籠包150元、エビシュウマイは250元だそうだ。

ツアーセットなので料理はすでに決まっていて、汁麺（エビワンタン入り）、小龍包、チャーハン、空心菜炒め、キャベツの漬物（高麗菜）、エビ、カニ、紫米などのシュウマイほか盛りだくさん。ひとつひとつの点心がちゃんとしている。皮のもちもち感、中の具のジューシーさなどもバッチリだ。チャーハンも出来たてで、パラリ系のナイスな味だし、小龍包も口に入れるとスープジュワ～系の満足度。どれもおいしい。

気になる子どもたちの食欲だが、上の娘

はよく食べていて、下の子もチャーハンと汁麺を予想外にぱくぱく食べている。よかったよかった。〈鼎泰豊〉は東京と横浜にも店があり、横浜では高島屋に入っているので、買い物ついでにわが家も何度か食べたことがある。経験のある味だったから安心して食が進む、という面もあったにちがいない。

我々日本人も近年では国内でずいぶん飲茶《ヤムチャ》に慣れ親しんでおり、だからこそ「この飲茶のレベルは高いな」などと判断することもできるわけだ。「食」というのは一方通行でなく、双方向なのだなあ。個人的には日頃から横浜中華街で台湾系の味に親しんでいるというのも大きいとは思うけど。

故宮博物館の来歴にしみじみする

食事の後は、これまた定番の故宮博物館へ。北京の紫禁城にあったお宝の博物館が、現在台湾にあること自体が歴史的にじつに香ばしい話だ。

そもそもは北京の国立故宮博物院（1924年、清朝最後の宣統帝溥儀が紫禁城を出たのを契機に設立）と南京の中央博物院に所蔵されていたものを、49年4月、中共軍の南京攻略直前に、中華民国政府（国府）当局が台湾へ持ち込んだのだ。そういう歴史的事実を踏まえると、ここのコレクションはさらに見応えが増すというものだ。

最近はミュージアムグッズもかなりポップなものが増えていて、白菜の置物（翠玉白菜）のキーホルダーなど魅力的なものも多い。白菜のキーホルダーを買ってどうするのかという問題は別として、子どもたちは「買ってほしい」という。まあ、いいですけど、と家族でいろいろ買い込んでしまったのであった。

新光三越と百貨店文化

故宮博物館でツアー観光は終了、中山駅のあたりで解散となる。

観光中に妻と相談していたとおり、近くにある新光三越 南京西路店で買い物をしつつ、頃合いを見て夕食をとり、のんびりホテルに戻ることにした。

台北《タイペイ》には多くの百貨店がある。太平洋SOGO、大葉高島屋などと並んでもっとも店舗数が多いのが新光三越だ。韓国と同様、戦前の植民地時代から続く老舗だろうかと思って調べると、現在日本の百貨店の名前がつく店はいずれも戦後の出発で、たとえば新光三越は1991年に台湾の新光集団と三越の共同出資により展開がはじまったそうだ。まだ歴史は浅いのだ。

ただし、台湾における百貨店自体の歴史はかなり古い。昭和初期には日本人経営による3大百貨店が台湾の各都市に登場した。32（昭和7）年には台北《タイペイ》市に菊元百貨店、台南市にハヤシ百貨店、38年にはそれまでの雑貨商店を改築した吉井百貨店が高雄市に開店している。台北の菊元百貨店は日本人町の銀座栄三丁目にあった。現在の台北衡陽路で西門町に近く、いまも賑わう繁華街だ。そもそも日本の植民地時代に遊郭を集中させ、西門町と呼んだのがはじまりらしい。もともと中国の漢字には「町」という文字はなく、これは日本の名前が残っている一例なのである。

これらの百貨店は高層建てで、内地の百貨店と同様、屋上に近い階に食堂が配されていた。菊元百貨店は7階建てで、5階に食堂、7階に展望室と喫茶室があったようだ。つまり、戦前から「デパートで買い物、そしてごちそう」というスタイルが台湾の都市では根づいていたわけだ。その文化は、現在の台湾のデパートにも継承されている。

なお、戦前日本の百貨店は有店舗業態としては台湾に進出しなかったが、年に一度、大阪三越と大阪高島屋が台湾の劇場や鉄道ホテルなどで出張販売を行っていた。現在でもホテルでデパートの販売会が行われることがあるが、それと同様なのだろう。通信販売も展開していたという。

三越のフードコートでカツレツごはん

というわけで、新光三越へ向かった。いろんな階を行き来しながら妻と子どもの買い物に付き合う。ああ、これは日本で過ごす休日の状況とあまり変わりませんねえ。なぜか子ども用の布団を買ったりした後で（「買うものがあまりなかったのでしかたなく布団を買った」と妻は後に述懐！）、そろそろ夕食にしようかという話になった。この三越は上層階にレストラン、地下にはフードコートという台湾の百貨店定番の構造をしており、今夜は後者を攻めるべく、エスカレーターで下へ下へ降りていく。

韓国でもそうだったけど、台湾の地下フードコートは、日本のデパート食堂の伝統を継承している。ただし、台湾では店舗ごとに着席して食べるシステムとなりつつあって、大食堂形式は減っているようだ。

地下に到着。シンガポールの麺類をあつかう店や韓国料理店などフードコートならではの他国籍化の様相を呈しているが、〈金軒排骨〉という地元台北《タイペイ》の店がよさそうに見えた。ここだな。メニューを見ると完全に日本の定食スタイルになっていてときめく。

なかでも〝カツレツ御飯〟と日本名で記された排骨《パイクー》（豚骨付き肉）の定食がステキだったので、これにしよう。１４０元。２００８年８月時点のレートでは約５００〜６００円くらいか。アジア各地の物価も昔と比べるとかなり日本に近づいてきたが、この値段だとまだまだ日本よりは安い。

子どもたちと妻に「どうする？」と聞くと、昼の飲茶《ヤムチャ》の量が多かったらしく、それほどおなかが空いていないようだ（珍しく「マックに行きたい！」とはまだ言わない）。それなら、この定食をシェアしようかということになったが、４人で一品ではやはり足りないだろうと、ワンタン麺（90元）もひとつ注文した。

レジでお姉さんにお金を払うと、トレーの上に置かれた広告の紙に手書きでメニューを記している。

しばし待っていると定食が登場。おお、ボリュームあふれる排骨にキュウリの漬物、そして3つの副菜と汁物がまぶしい。ごはんは、魯肉飯《ルーローハン》という台湾名物。白飯の上に肉のそぼろが乗っている。日本と現地の食文化が見事に融合した定食といえますね。

さて、まずは排骨をいただくとしよう。台湾において、排骨を日本のトンカツと同じ感覚で見ているとひどい目にあう。文字通り骨があるからだ。十年ほど前、台北駅前の三越にあるフードコートで排骨を食べていたら、骨をガリっとやって前歯が欠けてしまったことがある。今回は恐る恐るかじりついたが、ひと切れ目には骨が入っていな

これはもう立派な定食ですね。
汁、ごはん、おかず、漬物と勢ぞろい！

かった。じつにカラリと揚げられていて、厚さもうれしい肉らしい肉である。エネルギーの固まりという感じだ。続けて魯肉飯を。そぼろの味付けが少々しょっぱくて、なかなか激しいキック力があるが、添えられたタクアンが応援団的によい仕事をしている。意外に思われるかもしれないが、タクアンほど近隣アジア諸国で愛されている日本の漬物はない。アジア漬物選手権があれば、キムチとよい勝負ができることだろう。

さて、ここまではほぼ脂ギッシュな相手だったが、そこは定食らしくバランス感覚にあふれた脇役がちゃーんと控えている。ウリの漬物や昆布煮がほどよく脂っぽさを中和してくれるのだ。あっ、キュウリの漬物はタクアンと同様に魯肉飯の引き立て役ですね。ジャガイモのカレー煮も箸休めとして機能している。さらに、全体の激しいエネルギーをまあ落ち着けとなだめてくれるのがスープだ。クコの実などが入っていて、ほとんどダシだけ。なんでも養生湯というらしい。うーむ。まさに定食の中に「陰」と「陽」があるのだなと感動しつつ排骨をかじると、いかん！　骨にぶつかった。じつに予定調和っぽい展開だ（笑）。

ちなみに、子どもたちはワンタン麺が気に入ったようでよく食べている。「おつゆがおいしいね」と上の娘。排骨も「カリカリしてる！」とふたりとも気に入ったようだ。ソウルのときより断然よく食べてくれるなあ、と安堵する父であった。

子どもたちがわりと気に入ったワンタン麺はどこかやさしい味わい

深夜の〈吉野屋〉でチキンボウルをテイクアウト

子どもたちとアイスクリームを追加注文して食べ終えると、歩いてホテルへ帰る。

昨日も夜遅かったし今日は一日観光だったから疲れていたのだろう、子どもたちはさっさと眠ってしまった。私も寝ようかと思ったが、まてよ、気持ちおなかが空いてるな。カツレツごはんやワンタン麺は結局シェアしたから、それほど量は食べてないしね。ちょっと自由行動して何か食べようと思い、妻に言って外に出ることにした。

地元の人に愛されている食堂に入りたいところだが、メニューもろくに出ていなければ、従業員の家族が飯を食べていたりと、店なのか家なのか見当がつかない場合もあって、選ぶのが非常に難しい。まっとうにひと目で定食屋とわかるような店はだいたい22時〜22時30分には終わっていた。

それでもあきらめきれずにふらふらしていると、目に入ったのが〈吉野屋〉だ。深夜零時ごろだったが、店内を覗くとポツポツ食べている人の姿が見える。

日本系のチェーンは台湾でももうさほど珍しくはないが、メニューを見るとかなり現地的にアレンジされているようで興味を引かれる。なかでもチキンボウルのセットが95元と安い。うん、これはこれでおもしろそうだ。カウンターで「テイクアウト」と告げると、店のお兄さんが流れるような身のこなしでセットをつくってくれた。

かくして調達したチキンボウルを手にホテルへ戻る途中、おばさんに「学生さん、女の子いらない？」と声をかけられた。いくら吉野屋の袋を下

キムチの参加で一層多国籍化の様相を見せる
台北の吉野屋のチキンボウル

げているからといっても、学生さんはないだろう（笑）。まあ、たしかに40歳のおっさんが深夜に食べるものじゃないけどねえ。

部屋でチキンボウルの蓋を開けてみる。おお、こりゃ間違いなくチキンボウルだね。鶏の照り焼きとミックスベジタブルがごはんの上に乗っている。さらに、キムチとアイスティーがセットとして付いている。昔原宿にあったアメリカ帰りの〈ＹＯＳＨＩＮＯＹＡ〉で同じようなものを食べた記憶がよみがえる。しかし、ここ台湾では韓国のキムチが付いており、より多国籍化しているのだった。そしてアイスティーだが……。台湾でペットボトルのお茶を買うとだいたい加糖されているんだよなあ、と思い出しながらひと口飲んでみると、これが見事に甘い甘いレモンティー（笑）。うん、そうこなくっちゃ台湾じゃないよね。うれしくなって、ボリュームたっぷりの鶏肉をおかずに、日本式にふっくら炊かれたごはんをもりもり食べはじめるのだった。

由緒正しい「児童育楽中心」へ

家族で海外旅行に行くときもっとも重要なのは、子どもたちの「お楽しみ」をかならず用意しておくことだ。わが家の場合、具体的には何らかのアミューズメントパークかいわゆる遊園地などを旅程に組み込む必要がある。じゃないと旅の最後まで子どもはついてきませんね。

ソウルの場合はロッテワールドがあるので安心なのだが、台北《タイペイ》には不思議なほど子ども用の遊戯施設がない。まあ、だからこそ台湾の人々は日本のサンリオピューロランドやディズニーランドに熱を上げてやってくるのだろうけどね。さて、これはちょっぴり黄色信号だぞという感じであった。

しかし、あきらめてはいけない。しつこく一生懸命探すと（もっとも探したのは妻だが）、台北市児童育楽中心という遊園地があることがわかった。場所はかの五つ星ホテル圓山大飯店のそば。しかし、いかんせんガイドブックには載っておらず、インターネットでの書き込みを見つけた個人旅行記ブログでも、詳しい情報までは拾えなかった。きっと、この遊園地を訪れる日本人なんてほとんどいないのだろうな。こういう場合、とりあえず行ってみるのがいちばんだ。

翌日（3日目）の朝、私たちは謎に包まれたこの遊園地へと向かった。ホテルそばの雙連駅は淡水線なので、圓山駅まではわりとすぐに着く。前述したようにこのMRTが走っている中山北路は、圓山大飯店ができる以前に建っていた台湾神社の参詣道である。

ちなみに台湾神社は1902（明治35）年竣工で、祭神は北白川宮能久親王《きたしらかわのみやよしひさ》、大国魂命《オオクニタマノミコト》などで、天照大神《アマテラスオオミカミ》は当初入っていなかったが、44（昭和19）年には天照大神も合祀のうえ「神宮」に昇格することとなっていた。しかし、神宮昇格の4日前に飛行機が墜落し、神社の本殿以外が消失してしまう。その後は、台湾大飯店が同所で営業を開始したのち、52（昭和27）年に蒋介石の妻宋美齢《そうびれい》が実質的なオーナーとなって改築、圓山大飯店が創立されたそうだ。

一方、この児童中心の歴史もよくよく調べるととても古いことがわかった。「ニーハオ！台湾人の気持ち」というウェブサイトによると、34年の設立らしい。なんと植民地時代からある遊園地だったのですね。その後、58年に民間経営の中山児童楽園に変わり、68年に公営に戻り、70年には動物園と合併して児童遊楽場となった（私たちが訪れた翌年の2009年に閉園したが、14年現在も児童育楽中心のなかで「遊楽世界」として残っている模様）。帰国直前に妙齢の現地女性ガイドさんに聞いてみると、「台北の子どもたちはだいたい連れていってもらいますよ」と懐かしそうに答えた。

訪れたのは夏の盛りの8月。照りつける日差しは「暑い」を通り越して「熱い」くらいだった。屋外の遊園地で過ごすのは相当つらいものがあるだろうなあ、と私が軽くひるんでいると、対照的に、圓山駅で下車したとたん子どもたちは喜々として遊園地の入口に向かって走りだした。入場料は1名30元、乗り物ひとつが20元とまさに格安。乗りものひとつが数十円なのだ。

さらにこの暑いせいか、園内にはほとんど人がいない（台湾の人でもやはり暑いのだろう）。子どもたちは空中ブランコやコーヒーカップなどさまざまな乗り物にほとんど待つことなく次々と乗ることができた。見るからに、ものすごく楽しそうである。ディズニーランドでもそうだが、こういう場所では子どもたちは暑さ寒さをまったく苦にしない。

かたや大人はというと、日陰のない灼熱地獄に立ち尽くして子どもたちを見守るのみ。汗は止めどなく流れ落ちるわ、頭はくらくらしてくるわでダウン寸前。なんとか2時間ほどは我慢できたが、「ねえ、パパたちもう限界だよ……」とついにギブアップした。

子どもたちはまだ物足りない感じだったが、これ以上ここにいたら本当に倒れそうだったので彼女たちには勘弁してもらった。まあ、ふたりが楽しめたのは本当によかったけど。

黒輪《オーレン》（おでん）との出合い

ふらつきながら休憩所に向かう。ありがたい、エアコンが効いている。ようやく涼しいところにきたよ。ジュースを飲みたがる子どもたちに、はいはいと買いあたえる。ポップコーンやらエビのスナックやらいろいろ売られているが、なんと「黒輪」があった。これはおでんですね（『とことんおでん紀行』というすばらしい文庫本をご参照ください）。黒輪の似文字で「おでん」の発音に近くなるらしい。よしこれを食べよう。35元は日本円で140円くらいか。まあそんなものかとお金を払うと、さつま揚げが棒状になったものを3本も入れてくれた。そばに蕃茄醬（トマトケチャップ）と甜辣醬（甘辛ケチャップ）が置かれていて、後で調べると台湾ではこれを付けて食べるらしい。そのときは知らなかったので、そのまま食べた。だけど、ダシ汁にケチャップはものすごく違和感があるなあ、ちょっとやってみたい気もするが。

かじってみると、馴染み深いおでんのさつま揚げそのもの。ダシ汁もすっきりとしていてお

念願の黒輪を食べることができたよ!

いしい。そういえば昔、夏の暑いときにお好み焼き屋でおでんをかじって（四国のお好み焼き屋にはおでんもある）、豚玉をほおばり、その後にアイスを食べたものだと思い出した。ああ、おでんを食べたらなんだかアイスが食べたくなってきたよ。

〈ミスタードーナツ〉でひと休み

ようやくひと心地ついた私たちは遊園地を後にし、新しい観光地、台北《タイペイ》101ビルに行ってみることにした。MRTに乗り台北車站駅で淡水線から板南線に乗り換え、最寄り駅の市政府駅まで向かう。駅前にある新光三越を通り抜けつつ南へどんどん歩いていく。

だが、脇目も振らずまっすぐに進んでいけるわけもなく、さまざまな買い物をしたり、はたまた喫茶店に入ってチョコレート味のスムージーを味わったり、子どもたちにエビワンタン麺を食べさせたりしつつの牛歩の歩みである。そうそう、ワンタン麺はなぜか子どもたちが気に入ってよく食べたなあ。

このあたりはオシャレな街で、台北独特の薄汚れたビルの感じはかけらもない。まるで東京の豊洲や千葉の幕張、そして横浜のみなとみらいのような風情だ。店も〈コールド・ストーン・クリーマリー〉や、日本でもオシャレ系でお馴染みのいくつかの店を見つけることができる。と思ったら、〈ミスタードーナツ〉もあるよ。めざとい子どもたちがすかさず入りたいと言った。

そびえたつ台北101ビル

じゃあ、大人はコーヒーでも飲もうかと入店することに。
　ほとんど日本と変わらない店の雰囲気だ。人気のポン・デ・リングもあるよ。けっこう混んでいるな。『ファーストフードマニアVOL・1中国・台湾・香港編』黒川真吾＋田村まどか＋武田伸晃（社会評論社）によると、日本贔屓のヤングやファミリー、女性たちに人気でときには行列ができるほどらしい。台北市に1号店ができたのは2004年10月とのことで、まだ台湾では歴史は浅いのだった。
　さてさて、運よく4人がけのテーブルが空いたのでささっと確保し、コーヒーとドーナツそしてジュースなどを買ってくる。ドーナツはツイストドーナツとポン・デ・リングにする（すみません、値段は忘れました）。

それにしても、この店の感じ、ほんとに日本のミスドと変わらないな。ちょっと味の薄いアメリカンコーヒーやドーナツの食感もいつものアレである。「まるで日本にワープしたみたいだ」と思いつつコーヒーをするのだった。

〈誠品信義店〉で定食本と日本映画をゲット

かくしてようやく101ビル近くまでたどりついた。しかし、家族でいろいろ話して「これに登っても、どうよ……?」という結論に至り、登ることは見送った。入場料もなんだか高い。大人1名400元だったか。その代わりといってはなんだが、きた道を引き返して〈誠品信義店〉に行くこととする。最近は、アジア諸国で超巨大書店が目立つようになってきた。ソウルの書店も大きかっ

私にとってはパラダイス以外の何物でもない誠品信義店

たが、この〈信義店〉も破格の大きさらしい。本好きな私の欲望も満たせるし、子どもたちも土産の本を探せるので、家族全体の意見がとりあえず一致したのだった。

さて、書店に入るとこれがかなり広い。さいわい、子ども向けの本もいっぱいある（笑）。

「じゃあ、パパはここから別行動ということで」

妻と娘ふたりとはちょっと別れて、独自に書物探索をさせてもらおう。

「………」憮然とした表情の女子3人。

ああ、こりゃ後でフォローしておかないとまずいなと思いつつ、体は勝手に動きだし探索行動へと向かっていたのだった。これは私の性《さが》なのです、すみません。

結果として、定食、日本食関係の興味深い書物を何冊か見つけることができた。そのなかの一冊が250元の『日本定食おいしい！』だった（本当にこのタイトル！）。焼肉定食、かきフライ定食、さしみ盛り合わせ定食など各種定食のすばらしい写真とそのレシピが多数掲載されている。日本で我々が食べている定食や料理とはちょっとずつちがっているのがおもしろい。うな丼のウナギにゴマが振ってあったり、ざるそばの上に海苔だけでなく、錦糸玉子とカニかまが乗っていたりと微妙なアレンジが施されているのだ。なかには「トマトとんかつ」など見たことのない定食・丼もあり、かなり楽しめる。いなり寿司のつくり方では、いなりの裏面にゴマを振るようにと指示があり、先日コンビニで買ったゴマ付きいなりの謎が解けたのも収穫だった。

貴重な定食研究書をゲット。左は日本の駅弁を紹介した本

アマゾンを通じ、日本にいながらにして海外の本も劇的に買いやすくなった昨今だが、さすがに定食に関する本まではウェブでも探しづらい。そもそもタイトル検索も難しいのだ。そんなわけで、現地でリアルな棚を見るのに勝る手段はないのであった。

ついでにＣＤとＤＶＤコーナーを覗くと、こちらも充実している。あれこれ見ていると、さすが親日なお国柄らしく往年の名作がごろごろある。ということで、戦前、戦後の日本の名作を買い込むことと相成った。黒澤明『七武士』、山本嘉次郎『夏威夷海戦』『加藤隼戦闘隊』、成瀬巳喜男『飯』などがいずれも１９９元。あえて日本名を記さなくてもわかるよね。あと、黒澤明は何枚かセットになったものも購入。店員さんに「リージョンフリー？」と訊ねると「そうだ」と教えてくれ、日本でも見られることがわかり安心した。

懐かしの「光華商場」は巨大なビルと化していた

〈誠品信義店〉ですばらしい戦果を挙げることができ、私はホクホク。子どもたちも少しばかり本を買って笑顔を見せている。ただ、妻だけは何も買っておらず満足していないね（笑）。

書店の後はMRTで忠孝新生駅に向かう。光華商場へ行こうというわけだ。台湾にくるたびに訪れている満足度の高いスポットだ。かつては台北《タイペイ》駅から20分ほどテクテクと歩いたが、新しいMRTの駅からだと歩いてすぐだという情報は事前に仕入れておいた。当時は鉄道のガード下にあったが、今は大きなビル「光華数位新天地」に店舗がまとめられていた。なんだか近代化したなあ。

現在では「台北のアキバ」と呼ばれるほど、あまたの電化製品、電子部品、そして映像ソフトなどを手に入れることができる一大スポットなのだが、かつては古書店街という側面が強かった（本章末コラム参照）。その意味では、「神保町＋秋葉原」な街といえる。

最初に訪れたときは日本の古書もずいぶんと並んでいた。家族に「古本がいっぱいある」と言ったら絶対拒否されるので、「電化製品が安く買えるよ」とかき口説きついてきてもらった。〈誠品信義店〉で単独行動をとり大きくポイントを失ったばかりなので、ちょっとはおとなしくしておこうか……。

ビルの中に入ると、古書をあつかう店はとても少なくなっていた。もっとも書籍とDVDに関しては、さきほど非常に納得できる買い物を済ませていたので、家族と会話をしながらゆったりした気持ちで眺めることができた。とりあえず、SONY製のCD‐R30枚セットを買う（当時はCD‐Rをよく使っていた）。その後ぶらぶらと見ていると上の娘がMP3プレーヤー（携帯用圧縮音声再生機器）を欲しいという。ミッキーマウスの形をしたMP3を値段交渉して購入。これでややポイントは戻ったかな。ただ、妻にも下の子どもにも何も買うべきものがなかったので、全体的にはまだ黄色信号のようだ（笑）。

それにしても、こうして電化製品の値下げ交渉をしたりしていると、なんだか一時期アキバで自分がやっていたことと同じだなと苦笑いが浮かんできた。

〈芳田〉で洋食3連発！

台北《タイペイ》で定食にありつくのはそれほど難しいことではない。刺身や焼き魚、煮魚関係も試してみたかったが、日本発祥の洋食が台湾でどのように継承されているかに大きな興味があった。日本で受容された西洋料理が洋食となり、それがアジア各国へ伝播《でんぱ》していったわけだが、その「なごり」を見てみたかったのだ。韓国にはその「なごり」があった。ならば台北ではどうか。

ということで、光華数位新天地からの帰路、MRTを中山駅で降りて、近くにある〈芳田〉に入り、夕食を食べることにする。どうやらカレーライスがメインな店のようだが、メニューを見ると、エビフライやトンカツ、唐揚げなど、はてしなく洋食テイストなのだ。〈芳田〉は私の定食研究のためにセレクトした店だったが、疲れのせいか、もうあきらめたのか、あきれていたのか、家族から「ここはイヤだ」という反論は出てこなかった。「さあ入ろう!」という積極的な感じでも当然なかったのだけど。

居並ぶメニューはどれも210元プラス10%のサービス料と、なかなかいいお値段である。日本円でだいたい1000円前後なので、地元的にはややリッチな食事なのだろう。

地下にある店内に入ったのは21時過ぎ。ファミリーレストランのような雰囲気で、客もちらほら。向こうのテーブルでは裕福そうな地元の家族が食事をしていた。その他、子どもが数人でいる席もあった。勉強道具を携えているから塾帰りなのかもしれない。

メニューの写真を見ると、とりあえず一品の量が多そうなので、家族4人で定食3品、日式手打猪排、炸蝦咖哩、炸鶏咖哩をシェアして食べることにする。日本名でいうとトンカツ定食、エビフライカレー、鶏の唐揚げカレーですね。ちなみに、トンカツと鶏の唐揚げには飲み物かデザートが付いており、アイスコーヒーをひとつと仙草ゼリーをもらう。あとは人数分の水を持ってきてくれた。水をくれるのはうれしいですね。食事をするときに水をタダでくれる国はアジアでは多いけど、世界的にはそんなに多くない。

スプーンが入ったトンカツソースのポットの隣はおまけのカレーだった！

かくして料理登場。おお、こりゃやはりすごいボリュームだ。

まずトンカツ定食だが、定食というだけのことはあって、ちゃんと味噌汁も付いている。ただし日本のお椀ではなく、スープを飲むマグカップだ。豆腐、油揚げ、ネギが入った味噌汁は、やや薄いがちゃんとした味噌汁の味がする。さらに別皿でサウザンアイランドドレッシングのかかったレタスを中心としたサラダも添えられている。メインのプレートの上は、なんだろう？　けっこう不思議なことになっているな。日本のとんかつ専門店同様、金網の上にカツが乗っていて、千切りキャベツが奥に添えられているのはいい。そこにブロッコリーが置かれているのもよしとしよう。しかし、千切りキャベツとほぼ同量のニンジンの千切りまで付いているのはなぜだ。さらにトンカツソースのポットの横に、薄茶色のどろりとしたソースが。「?」と思って味見してみると、なんとこれがカレー。サービスでカレーも少しだけ付いているのだった。さらにごはんの上には、まるでおまじないか何かのようにゴマ粒が中央部分にちょこんと配置されている。

う〜んと思いつつごはんをひと口。あら、これはおいしいごはん。さらにカツもかなりカラッと揚がっていていい感じ。カレーをかけてカツカレーとして楽しむこともできるのだった。さらに細長い皿には、左に醤油、真ん中に福神漬、右にウリの漬物が乗っていて、「おかず＋汁＋ごはん＋漬物」のじつに王道的な定食をかたちづくっているのだった。

エビフライカレーと鶏の唐揚げは基本的にワン

エビフライカレーのごはんにもおまじないのようにゴマ粒が

プレートで、丸くポーションされたごはん（やはり真ん中にはゴマ粒が静々と鎮座している）、サウザンアイランドのかかったキャベツ、ブロッコリー、ヤングコーン、プチトマト、そして福神漬とエビフライが乗っている。有頭エビとはずいぶんご馳走感あふれるビジュアルだ。それにカレーのルー（たっぷり！）、加えてトンカツと同様、別皿のサラダ、味噌汁も付いているのだった。

唐揚げは子どもたちが気に入り、私の口に入る前に全部食べられてしまった。エビフライは少し食べることができたが、これはなかなかいいお味でした。なお、カレーはトンカツ定食に付いていたのと同じもので、マイルドな口当たりがとてもおいしかった。

大量の千切りニンジンや儀式めいたゴマのあつかいなどユニークなところも目についたけれど、日本で食べる定食に味も近く、この国での日本食受容度の深さを実感したのだった。

それにしても、〈芳田〉の「揚げもの＋カレー」の組み合わせには、日本で食べる定食以上のご馳走感があふれていたなあ。

食べ損ねた有名なお弁当

4日目、あっというまに台北《タイペイ》で過ごす最終日を迎えてしまった。

昼前にはホテルをチェックアウトしなければいけないが、それまでの時間を利用して、家族みんなでホテルから少し歩いて大型玩具店トイザらスへ行く。日本と同じシステムなのでわかりやすい（レジ袋も同じ）。値段もあまり日本と変わらない。ふらふらと見ていたら、「これがどうしても欲しい！」と娘ふたりがある商品の前で立ち止まり指差した。何かと思ったら、大きなホッケーゲームだった。なんでこんなものを欲しがるのか謎だったが、最終日だし、まあいいかとそれを買ってやり、大きなレジ袋を抱えて店を出た。

さらに、そこからちょっと歩いたところにある、食料品なら何でもそろいそうな〈新東陽〉で鳳梨酥《オンライソー》（パイナップルケーキ）やポークジャーキーなどの土産を買う。鳳梨酥は台湾土産としては定番すぎるかもしれないが、ブラックコーヒーと相性がいいので私はけっこう好きだ。ポークジャーキーも甘くておいしいですね。どちらも日本で買うより間違いなく安い。

買い物を済ませて歩いていると、〈悟饕池上飯包〉という弁当屋を発見した。これがどうにも気になる。万国共通の「いい店オーラ」を発しているのだ。

そうだ、弁当なら買っていけるなと思い、とりあえず家族には店外で待っていてもらい突入。カウンターにおじさんがいたので、メニューを指差してひとつ注文しようとするが要領を得ない。何度やっても、おじさんは「？」という表情なのだ。そうこうしているうちに時間がきてしまったので、泣く泣く後にした。

帰国後、タレントのビビアン・スー著『我愛ＴＡＩＷＡＮ』（ワニブックス）を読んでみると、〈悟饕池上飯包〉のことが出ていた。やはり信頼のできる弁当屋チェーンらしい。ここの弁当

魅惑的な「池上」のお弁当。次回のお楽しみができました

はだいたい1食50~80元くらいで、仕切りがない木製の箱に詰められている。ちょっとリッチな気分が味わえるそうだ。へえ、私の目利きは合っていたんだなとうれしくなった反面、買えなかった残念さがこみあげてくる。

ちなみに台湾の弁当は、ごはんの上にドバーっと肉などのおかずが乗った丼タイプが多く、この店でもそのようだ。

なになに、ごはんは台湾の池上という地方でとれた上質な池上米を使っているのか。ますます気になるな。次回訪れた際はぜひとも購入せねば！

〈コラム〉

台北古本事情1996

本文で記したとおり、古本好きな私は台北《タイペイ》を訪れるたびに光華商場へ足を運んでいる。

以下、私が主幹を務める「畸人《きじん》研究」第7号（1996年10月発行）に掲載した記事「古本道　台湾古本事情―台北で日帝時代の本を探せ！」を再掲載する（ほんの少し改訂しました）。まあ、やっていることは昔から変わらないわけだ。

＊

……2年前と同様（94年にも訪台している）、相変わらずアジア的混沌を一手に引き受けた感のある台北の街であったが、前回発見できなかった意外な場所に古本屋街はあった。日本が世界に誇る大古本屋街である神保町は、これまた世界に冠たる巨大電気街である秋葉原に近いが、台北でもなぜか、東京と同様の位置関係になっていたのだ。

台北駅から少しばかり東にいったところに鉄道をまたいだ光華陸橋というのがあり、このあたりは、全面的にアキバ的様相を強く示している。特にこの光華陸橋界隈は、「電脳」つまり、コンピュータや半導体の小さい販売店がひしめいており、アキバ名物のラジオ部品のチビ店にとっても雰囲気が似ているのだ。集まっている若者の発する「オタク」的熱気まで一緒である。

さて、この光華陸橋界隈には、そんなチビ店を集合させた、光華商場というマーケットがある。じつはこのマーケットは、電脳関係のチビ店だけではなく、CDロム、CD、コミックなどのオタク文化を結晶させたような店も数多く入っていて、さらにマーケットの奥には大古本屋街が広がっているのであった！　規模的には神保町には及ばないものの、店舗数やのべ敷地面積は少なくともデパートで行われている古本市の2、3倍の規模は優にある。

しかし、電気街と古本屋の隣接関係は、たまたまの一致なのか、それとも何らかの因果律が働いているのかわからんが、少し不思議な現象だ。余談だが、この光華陸橋からそれほど遠くないところに南陽街という、日本で言うと水道橋や代々木のような塾・予備校街がある。この位置関係も日本と酷似している。ただし南陽街のほうが水道橋や代々木より遥かに規模が大きい。

さて、感心ばかりしているわけにもいかないので、早速古本屋の調査を開始した。本は漢字で書かれているため、内容はだいたい想像がつく。参考書、小説、マンガなどが多いが、どれも装丁は似たりよったりだ。日本の場合だと、本の装丁にも流行があり、古本屋に行っても、背だけでその本の古さがおぼろげにわかるものだが、この台北の古本屋に置かれている本は、背のデザインはどれも同じようなものが多い。ということは時代が均一だという推定が成り立つ。この推定は、多くの店を見て歩くと、ますます強まった。ということは、古い本はない＝日帝時代の古本はないということになる。

しかし人間は希望を持って生きていかないといけない。私は辛抱強く探し続けた。すると、ようやく日本語の古本を複数置いてある店を発見した。日本語の雑誌、文庫本、新書などがまとめて置かれていたが、どれもここ10年ほどのもので古書的価値のあるものがない。しかも、本の保存状態が悪いため、相当の古書に見える。買うほどの本がなかったので、店を出るが、なぜかその後は立て続けに日本の古本を置いている店にぶちあたりはじめた。そんな店のなかで、はじめて買う価値のある本に出合うことができた。

「海野十三全集5」である。桃源社版のものなので、それほどの価値はないが、日本円換算で800円くらいだったので、とりあえず買った。なお、古本の値段のつけかたも日本と同様で、本の後ろのページの右上に値段が付いている。

ちなみに、この「海野十三」を買った店はおじいさんがやっていて、日本語をしゃべりそうだったので、ひとつ台北の古本の状況について尋ねてみた。

おじいさんは、ひどく分厚いメガネに、ランニングというぃで立ちだったが、

「あのー、50〜60年くらい前の日帝時代の雑誌や風俗誌、読み物なんかはありませんかね」と尋ねたところ、おじいさんはあたかも8ビットのコンピュータが複雑な演算を開始したように、「あーうー」と言いながら15秒ほど考え込んだが、「そんな古い本はない!」とのたまわれた。おじいさんはどうやら忘れかけていたらしく、ましてやそれ以上話したくなさそうだったので、その店を撤退して次の店へ向かった。

「そんなもん、ありまへんがな!」と古本屋街のおやじに言われる

おじいさんの店のある一角は比較的日本の古本が多い区画で、次に入った店の奥にも堆高く文庫本が積まれていた。品ぞろえは比較的日本で流行したものや、推理小説も多く、どうやら日本からの駐在員が帰国するときに手放したのではないかと推測され

る。ファッション系女性誌も多いが、このあたりは台湾ギャルが売ったものだろう(市内の比較的規模の大きい本屋では、日本のファッション誌は大体買える)。

さて、この古本屋の奥の方に、文庫本に顔をなすりつけるかのごとく接近させて、熟読しているおやじさんがいた。

「すみません。日本の本を探していらっしゃるのですか?」と言うと、おやじはものすごく不思議そうな顔をしたがうなずいて、「そうですわ」と、なぜか関西弁でしゃべった。私は先ほどの店主のおじいさんにしたのと同じ質問をしてみた。

「あんた、そんなもん、ありまへんがな! 昔の本を探すんやったら、紀伊國屋に行きなはれ(紀伊國屋書店台北店のこと)。あそこは高いから、私はこういうとこ来て、時代小説を探しとる次第ですわ。本当に古い本? 昔の『キング』、『少年』? たしかにそんな本ありましたな、しかし、そんなもん市場には出てきまへん。あるとしても、個人蔵ですわな。それでもなかったら日本の図書館でしょうな」

なんでもおやじは台湾の旧制中学を出ているらしく、いまだに日本の時代小説を読んでいるくらいだから、インテリであることは間違いない。まあ、このおやじさんの話やらなんやらで、古本に対する台湾での扱われ方、考え方がだいたいわかったような気がした。要するに、日本ほど古本文化が成熟していないために、稀覯本の価値が存在していない。まあ、これには、国民党の恐怖政治など大きな社会動乱があったため、残っている古本が少ないというのもあるだろう。さらに価値ある古本が少ないため、古本全体の扱いが粗雑だということだ。値段のつけかたも極めてアバウトである。

戦前の古本、ついに、発見！

謎の関西弁おやじに別れを告げて隣の店へと移動した。おやじの話から、ほぼ日帝時代の古本発見をあきらめかけたが、次に入った店は、店の中のカオスぶりがじつにいい案配で、「当たり」が出そうな気配を醸し出していた。古本屋彷徨を続けていると、このカンは次第に養われていくらしい。この店の奥地には、何やらゴミのような茶色い束をまとめた地区があり、私はつつつと引き寄せられていった。

ありましたよ！　とうとうありました！『欧州教育史』大正年間発行、発行所は東京日本橋の出版社だ。見つけたときはさすがに胸がいっぱいになった。今から70年以上も前に、この本ははるか東京からここまで運ばれてきたのかと思うと、まさに感無量だ。即購入。本の内容はヨーロッパの教育現状を紹介した本で、奥付のところには蔵書印が押されていた。なお、この本は日本円で1000円くらいだったが、帰国後神保町で同じ本を発見し、値段は3500円だったので、まあ安いことは安い（せどりができるほどではないが）。

なお、この店は他にも日本の戦前本が数多くひしめいていたが、漢語の本と入り乱れているため、その判別作業がなかなか大変である。他に、講談社創始者の野間先生が社員の朝礼用のネタ本にしていたというわけのわからん本を購入した。あまりにすばらしい店だったので、店主にインタビューしたが、店主は40代のおばさんで日本語は皆目わからないようだった。

このぶんだと他の店でも、根気よく探せば、日本では入手が難しい本が出てくる可能性が高いが、すべてがぐちゃぐちゃの状態で並んでいるので、国内で探す数倍の労力を覚悟しないといけないでしょうねえ。

シンガポールどきどき定食ツアー

国際競争力も高く、観光地としても人気のシンガポール。太平洋戦争時、日本に占領されていた歴史があり、近年の日本食の流入がどのように受け入れられているかを観察する場所としても、じつに優れた都市である。清潔に整えられた近代的な街の中にも民衆の活気あふれる日常の暮らし、ひいては食のダイナミズムが肌身に感じられる。そんな東南アジアの雄に身をゆだねた。

はじめての国へ寄せる期待感――2009年春

韓国、台湾といった日本近隣の東アジア諸国とはちがい、さすがにシンガポールは遠い。飛行機で約7時間もかかる。私にとって（もちろん家族にとっても）今回がはじめての訪問だ。シンガポールには中国系以外にマレー系、インド系、そして少なからず欧米の人々もいて、まさに多民族国家の様相を呈しているという。日系のデパートが多いため、日本料理を食べようと思ってもいい店がない、といった苦労はないだろうと調べもついていた。もちろんその他さまざまな国の料理を食べることもでき、それゆえ米に執着のない人々も多いという。かつてこの国を植民地としたイギリスの影響が強いせいか、パンやコーヒーがなかなかおいしいのもシンガポールの特徴らしい。

町田を出発したリムジンバスは、予定通り13時ごろ成田空港に着いた。

フライトまではだいぶ時間があるので家族で空港内をあちこち見学していると、なぜか突然娘たちが「たこ焼きが食べたい」と言いだした。そんなムチャぶりにも難なく応じてしまえるのが世界の玄関口、成田空港のスゴさである。すぐ近くにあった〈たこ坊〉という店で即座に買いあたえる。空港に足を踏み入れたときから気分が昂揚しているせいか、財布の紐もついつい緩みがちだ。

出国手続きを済ませ飛行機が飛び立ったのが19時。機内食（カツ丼！）を食べてサービスのビールを飲み、映画をぼんやり観ていると、いつのまにかシンガポール・チャンギ国際空港に到着していた。入国手続きの後、パックツアーのスタッフによる案内でホテルに向かう。時差の1時間だけ時計の針は戻るが、それでもすでに午前1時を過ぎている。ふだんなら夜の到着でもホテルの近くをいろいろ探索するのだが、子どもたちは何度もあくびをしているし、私も深夜にひとり街をふらつくのもさすがにどうかと思い、素直に眠ることにした。

今回私たちが泊まったホテルはシンガポールの中心地オーチャードロード近くのヨークホテル。シンガポールといえばラッフルズホテルが有名だが、それと並び伝統のあるホテルがグッドウッド・パーク・ホテルで、１９００年にドイツ人の社交クラブとして建てられたのがはじまりだ。この名門ホテルの裏手にある同系列のカジュアルなホテルがヨークホテルなのだった。オーチャードロードからマウント・エリザベス病院を見ながら丘の上にのぼるとこのホテルがある。比べてしまえばたしかに気安い感じのホテルではあるけど、サービス的にはまったく問題がなかった。

シンガポールは太平洋戦争時、日本軍に占領された歴史を持つ。その際グッドウッド・パーク・ホテルの旧館は日本の海軍に接収され、海軍水交社となった。水交社とは海軍の外郭団体で、海軍の事務所兼宿泊施設として使われていたそうだ。阿川弘之著『軍艦長門の生涯』(新潮文庫)にもこの水交社が出てくる。陸軍の将校は、異国人のメイドがいる集会所でも浴衣がけスリッパ履きだが、海軍の士官はちゃんと白い上着に白靴を履いて食事をしていたそうだ。偶然にも、なかなか興味深いところに関連する宿に泊まったものだ。

ラッフルズ博物館から昭南《しょうなん》博物館へ

翌日は朝早くからパックツアーの観光が待っている。

昨夜の到着が遅かったこともあり充分には眠れず、寝ぼけ眼でホテルの朝食ブッフェに向かう。シンガポールのパックツアーでは朝食付きが多いようだ。ずらりと並んだオーソドックスな料理のなかに、焼きそば風の麺と日本のチーズかまぼこのような練り物(チーズは入っていなかったが)があり、喜んで食べているうちに目が冴えてきた。妻と子どもたちはまだ眠そうで、あまり食は進まないようだ。

バスは予定通りの時刻に出発。最初に訪れたラッフルズ・プレイスはシンガポールで最初に栄えたところだ。近代シンガポール開発の父ラッフルズ卿の像が立ち、ラッフルズホテルが優雅な構えであたりを睥睨《へいげい》している。さらにはビクトリア女王の治世50周年を記念して設立されたラッフルズ博物館（現シンガポール国立博物館）も目を引いた。あいにくと中を見学している時間がなく土産物を見るくらいだったが、後で調べたところ、この博物館の歴史は非常に興味深いものがあった。

日本の占領時代、シンガポールは昭南島と改名されたため、この博物館も1942（昭和17）年から昭南博物館と呼ばれた。同館には、マレー半島を知るための動植物、鉱物、考古学、民族学の膨大な資料が集められていたが、田中館秀三教授、徳川義親侯爵をはじめとする日本人と抑留されたイギリス人学者が見事にタッグを組んでこの貴重な資料を守り通した。当時ラッフルズ植物園の副園長だったE・J・H・コーナーが著した『思い出の昭南博物館　占領下シンガポールと徳川侯』（中公新書）には、その必死の努力のようすが生き生きと描かれている。どんな困難の中でも貴重な資料を守り抜こうとする姿勢には、一読して非常に感動を覚えたし、本当に敬服のひと言だ。最後のほうに記されている次の文には、本書におけるもっとも大事な主題が凝縮されている。

「国家も、政府も、そして民族も、繁栄しては衰退し、そして破局を迎える。だが、学問は決して滅びない。私はこのことを、シンガポールで、日本人科学者との交流を通じて学んだのである」

残念ながらこの本を読んだのは帰国後のことだった。いつの日か、あらためてこの博物館を訪れ、ぜひとも館内をゆっくり見学したいと思う。

ホーカー（屋台）の歴史

さて、シンガポールで屋台といえばホーカーセンターだ。多種多様な料理や飲み物をあつかうたくさんの専門店が一カ所に集結した屋台村といったところか。アジア屈指の清潔さで、料金体系も安くて明快、はじめての人でも安心して楽しむことができる。そう、「清潔さ」と「わかりやすさ」はよい定食屋の特徴でもあるよね。

どうやらツアーの昼食はホーカーセンターでとることになっていたようで、いくつかの観光スポットを回った後、バスは一路所定のセンターをめざし走りだした。

ちなみに、ホーカー（ｈａｗｋｅｒ／華語で小販）とは、もともとは街の中を売り歩く行商を指し、大きく以下のように3タイプがあったそうだ。

市集小販：市場の通りや周辺の空き地で、しゃがみ込んだ自分の前の一平方メートルにも満たない地面か、あるいは天幕を張った屋台に野菜や雑魚の類を並べて商いした。

五脚基行業：表通りの両側を走る排水溝から一段高く設けられた歩道（5フィートあったため五脚と呼ばれた）で、タバコ屋、衣料商、雑貨屋、雑誌・新聞屋、鋳掛け屋、床屋、それに占い師などが商品や商売道具を簡単な箱に置いて店を開いた。

熟食小販：天秤棒の両端に材料、食器、調理具を入れた箱を下げて売り歩いたり（日本でも江戸時代に見られた）、商店街の路上や市場周辺など人の集まるところに手押し屋台やリヤカー屋台を据え、2、3種類の料理や清涼飲料水の類を供した。

最後の「熟食小販」が営業形態を大きく変えて今日まで存続することになった。

第2次世界大戦の後、シンガポールでは総人口の7割余りが市中心部に集中した。そのため居住世帯の9割近くが1室かそれ以下の狭小スペースでの生活を余儀なくされた。結果として自炊もままならず、さらに一日の労働時間も10時間を超えるのが常態となったため、手っとり早く廉価で、種類も栄養も豊富な外食がどうしても求められるようになり、各種のホーカーがそれを提供したのだった。

失業率が10％を超える時代背景のなかで、教育水準の低い層にとってはホーカーが大きな雇用機会になった側面もあるようだ。

その後1960年代末から、シンガポールは急激に経済発展を遂げはじめる。それに呼応して公共高層住宅の建設と都市再開発が推し進められたが、同時に衛生面の規制強化も顕著となった。その影響もあり、路上で営業をしていた多くの「熟食小販」は、公団住宅1階にあるコーヒーショップの一角を間借りしたり、政府が用意した清潔なホーカーセンター、あるいは公団ニュータウンに付設されたフードセンターへと移転していった。

屋台村のイメージを覆すクールな「フードジャンクション」でランチタイム

現在では非常に多くのホーカーがSC《ショッピングセンター》の中にある。日本をはじめ世界各国で見られる「フードコート」と同じようなシステムだが、居並ぶ店は当たり前だがどれも屋台であり、とても興味深い。ホーカーがフードコートに影響をあたえたのか、それとも逆の順序なのか、それとも互いにまったく別のルートをたどって発生したのか、今後研究してみたいテーマのひとつである。

いずれにしても、定食研究においてホーカーセンターがたいへん便利な場所であることは間違いない。

「食」の楽しい交差点

私たちのバスが到着したホーカーセン

日本でも人気上昇中の海南鶏飯を本場でいただく

ターは〈フードジャンクション〉というまことに胸躍る名称であった。グレート・ワールド・シティという巨大ＳＣ《ショッピングセンター》の地下に広がっており、同じフロアにはスーパーもあってなかなか楽しい。

暑さの厳しい折柄、ＳＣ内はエアコンが効いているから快適に食べることができてうれしい（なんといっても南国だからね）。

自由に食べてください、とクーポンを添乗員から渡された。食べたいメニューの代金に足りなければ自分でお金を足せばいいから気楽である。せっかくの機会なので、何種類か食してみることとした。こういうとき家族でいるととても便利なのだ。

本場の海南鶏飯《ハイナンチーハン》（チキンライス）

シンガポールにきたらまずはこれだろう。海南鶏飯。3・8シンガポールドル（以降、略して「ドル」と表記）なので280円くらい。かなり安いな。チキンスープで炊いたごはんに蒸した鶏肉をスライスして乗っけたものだ。濃厚なタレをつけて食べるとうまい。中国海南島出身の人々が伝えて、シンガポール名物となったそうだ。スープも付いている。もちろん日本に由来する定食ではないけど、「ごはん、おかず、汁」の三要素がそろった、じつに正しく定食的な一品だ。

うっすらと色のついたライスをスプーンで口に運ぶ。鶏のエキスがごはんに染み込んでいて、なんとも味わい深い。添えられた青梗菜の鮮やかな緑色がまた食欲をそそる。お米もそんなにパサパサしておらず、日本の炊き込みごはんに近いニュアンスを感じる。安上がりに食べることができておいしいという点からいうと、大阪のかやくごはんに近いかもしれない。海南鶏飯は、最近東京でも専門店がいくつも現れ人気となっているほどで、日本人の好みに合う料理といえるだろう。

みんなで少しずつ試したが、これはとくに妻が気に入って食べていた。

妹はチキンステーキフライ

次に、〈Olive Vine〉というスパゲティの店でチキンステーキフライなるメニューを注文。主に下の娘が進んで食べていた。6・9ドルなので500円くらい。刻んだレタスとスパを和えたサラダに、チキンステーキとフライドポテトの組み合わせだ。なるほどね。

シンガポールでは全般的に揚げ物系が本当にうまい。高温でからりと揚げるケースが多いようで、このフライドポテトも絶品だった。チキンステーキも醤油味のタレがよく合って申し分ない。どちらかというとまだ偏食気味な下の娘が黙々と食べているところを見ると、やはり相当おいしいのだろう。ああ、よかった、よかった。

ちなみに、フライドポテトが炭水化物あつかいになるのか、このメニューにはライスが付かない。

チキンステーキフライ。この場合はフライドポテトが主食となる

これもイギリス統治の影響が多少なりとも影響しているのだろうか。私なら間違いなく「なんでライスがないのよー」とブツブツこぼしているところだが、下の娘はおいしいフライドポテトにすっかり満足したようですこぶる機嫌がいい。

そういえば、別の場所で食べたフィッシュ&チップスもパンやライスは付かないワンプレートだった。まあ、基本ビールのつまみだからねぇ。

姉はサーロインステーキ

堂々たる豪華メニュー、サーロインステーキランチは上の娘が担当責任者である。日本の〈ペッパーランチ〉がシンガポールに出店したお店でクーポンを払う。8・9ドル、600〜700円くらいだ。チキンステーキフライに比べ、一見してゴージャス感があふれている。大きなステーキに付け合わせの大量なモヤシとコーン、味噌汁、ライス、そして別皿にはソース(陰陽をあらわす太極《タイチー》マーク状に区切られた小皿に2種類)、飛び散る脂をよけるため鉄板のまわりを囲んだ紙のガードも付いている。

肉や野菜も、日本の〈ペッパーランチ〉で食べるのとあまり変わらない印象だが、ちょっとだけネギの入った味噌汁はかなり薄味で独特だ。ライスはまあまあいい感じかな。いずれにしても、鉄板の上でジュージュー焼けていくライブ感はやはり楽しい。現地の人もけっこう注文していた。「これ、おいしいよ」フォークとナイフを操りながら、上の娘はあらかたひとりでステーキをたいらげてしまった。

ふたりともちゃんと食べられてよかった、と父は小さな喜びを噛みしめるのだった。

SABA FISH SETに刮目せよ!

そして、この「食の交差点」で私が絶対食べたいと狙いをつけたのが〈JAPANESE CUISINE〉という日本料理の店であった。いろいろな定食関係のメニューがあり（写真が掲示されていて助かる）、ひときわ目を引いたのがSABA FISH SET。6ドルだから400〜500円くらいと値段も手頃だ。

ブースカウンターで「サバ」と言うと、店のお姉さんが笑って「サバ! ジャパニーズ・サバ!」と叫んだ。ん、なにがおかしいんだ? 席に着いて出来上がりを待ちながら遠目にこの店の注文風景を観察していると、ランチでやってくる日本人サラリーマンの多くが、揃いもそろってこのSABAを注文しているではないか。ああ、それで。（サラリーマンだけかと思ったら観光客まで日本人はサバを頼むのね、おっかしい〜!）といったところだろうか。でもしかたないじゃないか、我々日本男児はおしなべてサバ定食に目がない生き物なのだから（笑）。

カウンターでトレーに乗ったセットを受け取りテーブルへ。さて、お待ちかねの定食は、カッ

日本庶民のソウルフードをシンガポールで食べられるシアワセ

トレモンが添えられた半身のサバ、味噌汁、ごはん、そしてまさかの付け合わせ、スイカという布陣である。

まずは味噌汁から。具はワカメで味は薄め。シンガポールの味噌汁はどこも味が薄いのかな。メインのサバに手をつけようとすると、あれ、箸先を少々跳ね返してくる弾力があるぞ。何も考えずに当然「サバ塩焼き」だと思っていたら、なんとサバの素揚げだった。揚げ物文化が栄えているシンガポールとはいえ意表をつかれた。自分が思い込んでいる「当たり前」も土地と人が変われば、またちがった「当たり前」に変貌を遂げることがあるのだ。まあ、魚をおいしく焼くのもけっこう難しい作業だしね。

ただ、揚げられたサバもどうしてどう

してほっくりと柔らかく、咀嚼するのがうれしいくらいジューシーだった。揚げ物だからおかず力も文句なしで、たいへんおいしゅうございました。ごはんもまずまず及第点の炊き加減で、ぱくぱく胃袋へ放り込んでいく。それにしても不思議なのはスイカだ。デザートなのだろうが、定食的見地からいえば、配置からしてお新香の代役以外の何物でもない雰囲気を漂わせているんだよなあ。

デザートは虹色かき氷

食事の後はちゃんとしたデザートも食べたいね、と女子3人が言う。じゃあ、なにか探してこようとフードコートを練り歩くと、ありました。アイスカチャンというシンガポール版かき氷を売っているお店が！　とりあえずふたつ注文する（値段は失念）。

第一印象は、いろどりが派手で美しい。桃のスライス、黒っぽい仙草ゼリーなどに加え、黄色いとうもろこしまでもトッピングされていて、あたかも虹のような色合いがユニークだ。はじめは子どもたちと妻とが食べていたが、かき氷自体の量が多く、子どもたちの分は後半から私が引き受けた。なんだかとうもろこしがおいしいね。韓国のパッピンスもそうだけど、かき氷も国によってかなりのちがいがあり、これも研究すると楽しそうだ。

路上でフィッシュボールを満喫

夕方までは自由時間だったので、オーチャードロードをふらつき買い物をする。〈マクドナルド〉を目ざとく見つけた子どもたちは、カラフルなソフトクリーム（1ドル）に吸い寄せられたようで、それを食べたいと言う。チョコレート、グリーンアップル、ラズベリーの3種類があって、子どもたちはチョコを選んだ。

それはともかく、私が気になったのは〈老曽記（Old Chang Kee）〉だ。揚げ物天国のシンガポールならではのファストフード店で、オーチャード近辺にいくつかあった。日本でいうならば肉屋の街頭売りコロッケ、あるいは高速道路のパーキングエリアによくあるさつま揚げ実演販売に近いだろうか。以来、旅行中に何度もこの店で買い食いをした。大きな揚げ餃子の中に

練り物好きには目の毒ともいうべき、このごった返し感！

カレー、ツナ、玉ねぎなどが入っているカレーパフもおいしいが、やはり串に刺さったフィッシュボールがいちばんだ。1・1ドル（まあ70円くらいか）と安く、正統な魚練り物系でじつにおいしい。日本の総菜屋（私の場合は「よこはま橋商店街」など）でよく買うエビボールにとても近い味がする。

路上でフィッシュボールをかじりつつ、東アジアから東南アジアに至る食文化の連続性を強く感じたのだった。

ナイトサファリとケンタッキー

夕刻からはふたたびパック観光の予定になっている。ホテルの前でバスに乗り、着いたお店はいわゆる海鮮中華料理店。ここで夕食のようだ。エビやらカニやらが出てきて大人はうれしいのだが、やはり子どもたちはあまり食べない。ただ、食事についてはつまらなさそうにしていたが、この後に訪れる場所をかなり楽しみにしているようだった。食事を終えたら、シンガポール動物園のナイトサファリに出かける予定なのだ。

他のアジア諸国と比べて、シンガポールは子どもと行けるアミューズメントスポットが豊富だ。そのなかでも、ナイトサファリは目玉のひとつといえる。最近は日本でも期間限定で横浜のズーラシアなどが開催していたが、異国で動物園や水族館に入ると、日本とのちがいもいろいろ見られて楽しい。

このナイトサファリは園内を走るミニ列車（トラム）に乗ってぐるぐる回るスタイルであった。インドサイやらマレーバクやら、シンガポールらしい動物がたくさん見られるわけです。気分的にも内容的にも、ディズニーランドのジャングルクルーズになんだか似ている。ぐるぐる回った後は、土産物コーナーで子どもが選んだ動物のぬいぐるみ（なぜかモモンガ）を購入。やっていることは野毛山動物園を訪れたときと変わりませんね。

21時半くらいにホテルに戻ってくると、やはり子どもたちが「おなかが空いた」と言う。はい、お約束ですね。４人して近くの〈ケンタッキーフライドチキン〉に向かい、子ども用セットなどを注文、彼女たちのために食事をし直したのであった。

わが家の海外旅行においてファストフード店は絶対になくては困る食事場所なのです。

セントーサ島の明暗

２日目は朝からセントーサ島へ向かった。水族館や博物館をはじめとして、さまざまなレジャースポットがある（最近はユニバーサルスタジオもできた）。島全体がアミューズメントパークと化しているのだ。観光客だけでなく、修学旅行か海外研修らしき学生たちの集団もよく見かけた。さすがは交通の要衝シンガポール、アジア系だけでなくオセアニア系とおぼしき白人、またインド系など多種多様な国からの学生を見ることができ、まるで「修学旅行展覧会」のようだ。やはり日本から遠く離れているんだなという実感がじわじわ湧いてくる。

セントーサ島は第2次世界大戦の際、重要な出来事があった地区。そもそもシンガポールを統治下に置いていたイギリスは、明治以降の日本の拡大政策をずっと警戒していた。日本軍はシンガポール南岸から攻撃してくるだろうと予想し、セントーサ島に巨大な大砲を配置していたのだ。しかし第2次世界大戦時、日本は南ではなく北から攻撃し、マレー半島に続いてシンガポールも攻略し、1942年2月イギリス軍は無条件降伏するに至った。

その後、日本軍は占領下で中国人の粛清と強制献金によって住民を苦しめた。とくに前者については、18～50歳の中国人全員に数日間の食料を持参のうえ検問所に集結させ、憲兵隊がひとりひとり検証した。反日主義者や共産主義者などを見つけだすためだ。それと認定されてしまった者は連行され、シンガポール島東海岸やセントーサ島などで、海岸に大きな穴を掘らせられた後、機関銃で銃殺され、そこに埋められた。これは現在でも日本が強く非難されている虐殺である。

つねに笑顔と嬌声が響くアミューズメントパークと化したこの島に、よもやそんな暗い歴史があったとは、観光客のほとんどの人は知りもしないことだろう。

〈陳福記〉の鍋料理スティームボート

さんさんと振りそそぐ陽の光の下、アンダーウォーターワールドという水族館の観覧席でイルカショーを見て楽しんでいると、じつにバカンス！　という感じがしてくる。

ランチタイムには、あれこれと遊ぶ合間を縫って島のレストランに向かい、トマトスパゲティやチキンフライを食べた。目を皿のようにして米系のメニューを探したがどうしても見つからず、定食取材は断念した。チキンフライには、ここでも大量のフレンチフライが添えられている。きっとこれが主食ということなのだろう。さすがにシンガポールまでくると、白飯の勢力はやや衰えるのかもしれない。揚げた鶏肉とポテトは子どもたちの好物なので、まあ、ふたりともよく食べてくれたのはよかったかな。

その後はクラーク・キーに移動し、イブニング・クルージングをすることとなった。その前に夕食ということで、クラーク・キーの〈陳福記〉（チャーハンが有名らしい）という中華料理店でスティームボートという鍋料理を食べた。

スティームボートとは、そもそもは鍋の種類を表す名前である。シンガポールだけでなく、マレーシアやタイなどでもよく使用されており、韓国の宮廷料理（韓定食）で出てくる神仙炉《シンソルロ》に似ている、というより構造は同じだ。中国の火鍋子《ホーコーツ》という鍋も同じ構造になっていて、中国式しゃぶしゃぶや寄せ鍋などに使用される。おそらくはこの火鍋子がアジア各国に伝播《でんぱ》して

スティームボート。土地ごとに名称は異なるがアジア各地に普及している鍋

いったのだろう。

　鍋の真ん中に筒のような空洞があり、そこに火をおこした炭を入れてスチームしながら食べるわけだ。鍋に張られたスープに肉や野菜を投入し、醤油ベースのタレなどで食べる。

　あれ、またしても子どもたちはあまり箸が進んでいないなあ。

「後でおなかが空くから食べなよ」

「だって、食べるものがないよ」

　上の娘が言う。下の子も黙ってうなずいている。

　時を経てもう少し成長してからはふたりの偏食も直ってきたけれど、まだこの時期は、彼女たちは鍋物が好きではなかった。子どもの嗜好は成長とともに変わるんですね。

Nintendo DSで撮影する娘たち。左奥は建設中のユニバーサルスタジオ

こりゃしかたがない、昨夜同様ファストフードでなにか買うことになるのだなあと思いつつも、私自身はおいしくスティームボートをいただいた。ちょっと水炊きのような感じですね。魚の練り物がいっぱい入っているのもうれしい。日本のミニ竹輪のようなものやカニかままで入っているよ！　カニかまの世界進出は本当にスゴいなあと思いつつ、もぐもぐもぐと食べたのであった（日本製のようにリアルな繊維質のほどけ方はしなかった）。

〈セブンイレブン〉の濃いインド人店員

パックツアーの観光コースはこのディ

ナーで無事終了。さて、私としてはラッフルズホテルのあたりをふらふらしたいところだったが、女子3人が当時できたばかりの「シンガポールフライヤー」という大きな観覧車に乗りたいと主張する。3対1では勝ち目がない、観覧車をめざすことにしよう（2014年現在、人気スポットとなっている「マリーナ・ベイ・サンズ」はまだなかった）。さいわいツアーバスが近くに降ろしてくれて助かった。

下から見上げるとかなり巨大な観覧車で、てっぺん付近から見渡す風景はスゴかった。横浜のみなとみらいにも「コスモ・クロック21」という巨大観覧車があるが、あれに匹敵するほどの夜景ですね（ちょっと贔屓目かもしれないけど）。ちょうど、ユニバーサルスタジオの建築現場がよく見える。夜を徹して工事をしているようだった。

観覧車を降りると、近くにできたショッピングアーケード内の「ビルド・ア・ベア」という店に向かった。娘たちが行きたがっていたクマのぬいぐるみの店である。クマの中に綿を詰め、ハート型のアイテムも入れて自分だけのオリジナルぬいぐるみをつくれるという触れ込みで、日本をはじめ世界各地に展開している。各店舗はそのお店独自の、またその国独自のクマや洋服を置いている。

子どもたちは横浜のランドマーク店で買ったクマをすでに何体か持っていたが、それらに着せる服が欲しかったらしい。あれこれ悩みながら決めた何着かを買い、満足の面持ちである。まあ、観覧車に乗って好きなものを買ってもらったんだから、そりゃうれしいわなあ。

夜も更けてきたのでバスに乗って帰ろうかと妻と話しながら、ちょっと喉が乾いたなと思ってあたりを見回すと〈セブンイレブン〉の煌々とした明かりが目にとまり、迷わず入店。商品のレイアウトなども日本とあんまり変わりません。ただ、自分で注ぐドリンクサーバーとコーヒーマシンが置かれていて、おおっと思った。2014年現在、日本のコンビニでもコーヒーマシンは完全に定着しているけれど、シンガポールはずいぶんと早かったわけだ。

これはおもしろいなとコップを手に取り、マシンの注ぎ口に置く。指示の通りにボタンを押してコーヒーを淹《い》れようとすると、コップのなかにダラダラとごく薄い色の液体が垂れ落ちてきた。まいったな。店員を呼びにいくと、現れたのはどうやらインド人。シンガポールまで南下すると、他のアジア諸国以上にインド人や東南アジア系など顔の色の濃い人たちが増える。それはともかく、インド人店員に身振りと拙《つたな》い英語で「うまく出ないんだけど……」と説明すると、大きく顔をしかめて「THIS IS BAD!」とものすごくわかりやすい英語でのたまい、こんどはチルドケースを指さして「THIS IS GOOD!」と言うのだった。要は缶コーヒーを買えということらしい。

没個性な日本のコンビニバイトとはちがい、シンガポールは店員のキャラクターが濃くておもしろいなあと思いつつ、インド人氏の言う通り缶コーヒーBOSS（サントリーの現地版）を購入したのだった。

戦前から続く「買い物都市」

明けてシンガポール滞在の最終日。帰りの飛行機は夜なので、今日は一日フリーに使える。とはいっても家族連れだから、土産を探しての買い物大会となる。今回はホテルの立地関係もあり、オーチャードロードをその舞台に選んだ。戦前このあたりは閑静な高級住宅地だったらしいが、今やアジア有数の買い物スポットとなっている。

当時からシンガポールは買い物に関してとても充実した街だった。ラッフルズ・プレイス（現在もMRTの駅がある）が街の中心で、立派な建物が目を引く百貨店ロビンソンズ（イギリス人経営）には品物が豊富だった。ノエル・ハーバー著『不吉な黄昏 シンガポール陥落の記録』（中公文庫）に、日本軍による占領直前の同百貨店のようすを描写したシーンが何度も出てくる。端的に記されたところを抜粋しよう。

「……もし退屈すれば、ロビンソンズ百貨店の真新しい空調設備が入ったレストランで、友達と待ち合わせることができた。

ロビンソンズなら、誰知らぬ者はなく、その大きな新築の建物がラッフルズ・プレイスで偉容を誇っていた。ここでは、瓶入りのアスピリンなら売り場でじかに買えたし、自動芝刈り機であれば、タイ国境沿いの奥地に侘び住まいする植林業者のもとまで配送してくれた。『ロビンソンで落ち合って、コーヒーを飲みましょう』というのが、合言葉のようになっていて、要するにここは、一種の公共施設だったのである」

まさに、現在のＳＣ《ショッピングセンター》のような機能をロビンソンズはすでに果たしていたわけである。なおロビンソンズには日本人のマネージャーがいて彼はとても人気があった。そのため戦後にふたたびイギリス占領下に入ると、彼は再雇用されたそうだ。ちなみに、ロビンソンズは今もシンガポールにあり、２０１３年にはハイセンスなロビンソンズ・オーチャードも開店し活況を呈している。

今なお中心部のSCなどに出店の多いスーパー〈コールドストレージ〉も戦前から続く存在だ。同店は日本の占領中「ブタイ」と呼ばれ、軍の食料補給にあたる半軍事的組織となっていた。食糧備蓄は豊富だったようで、労働者用のまかないも立派だったという（食糧品価格高騰のため一般には配給券が必要だった）。シンガポール・ヘリテージ・ソサエティ編、リー・ギョク・ボイ著『日本のシンガポール占領――証言＝「昭南島」の三年半』（凱風社）に出ている当時の労働者タン・チェン・ウェイの証言によると、店で出される食事はシンガポールの日本軍最高司令官の食事にも匹敵するのではと思うほどだったそうだ。

「……毎日、それぞれのテーブルにはロードアイランド種の鶏が一羽のっていました。レバーだって好みのものを選んで食べられるんです。四皿の料理、スープもありました。野菜の入ったボールもどれも大きいものばかりです。食べきれないほどありました。ほんとうに多すぎるぐらいです。『コールド・ストリージ（※筆者註・原文ママ）』で食事をするのは二〇人ぐらいでしたが、毎日八人分ばかりがあまり、家に持ち帰ることができました」
さらに、日本の占領が終わった後にも冷凍室には大量のバターがあったそうだ。

「日本食」の上陸史

香港と同様、日本がシンガポールを占領していた時期は3年半とそれほど長期間ではない。シンガポールの人々に恐怖と日本人への憎悪こそ生んだであろうが、彼らの日常的な食生活に対してなんらかの強い影響をあたえた、というほどのことはないだろう。

戦前から市内東部にあるミドルストリートには日本人が多く住み、日本の商店もあった。石川達三の『蒼氓』（1930〔昭和5〕年、移民船に乗りブラジルへ渡った石川本人の体験に基づく小説）は戦前のブラジル移民の話だが、そのなかにはシンガポールにおける日本食の記述がある。

移民たちを乗せた船は、香港、サイゴン、そしてシンガポールへと進む。上陸を許されたシンガポールで移民たちは街へと繰り出す。移民の監督たちは迷わず日本人街に行き（前述のミドルストリートだろうか）、〈春乃屋〉という暖簾《のれん》のかかった店に入るのだ。親子丼、寿司、うどんなどの馴染みのあるメニュー。おそらくこれらの日本食は、市内に住む日本人とシンガポールに立ち寄る日本人旅行者や移民たちに向け、かなり局地的に供されていたものであろう。シンガポールの人々の日常生活に日本食なり定食が顔を覗かせるようになるのは、さらに時代を下ってからのことではないか。ブラジル移民がはじまってから約百年、２００９年と翌10年にかけて日本の外食チェーンはシンガポールへ積極的に進出していった（ちょうど我々が訪れた時期だ）。シンガポールに大型商業施設が相次いで開業したのもその一因だろう。

シンガポール進出の先駆けとなったのは、93年に1号店を出した〈モスバーガー〉。その後、〈吉野家〉〈味千拉麺〉〈牛角〉〈サイゼリヤ〉〈大戸屋ごはん処〉〈とんかつ 新宿さぼてん〉などが続々と出店した。ラーメンの味に関しては、〈山頭火〉や〈博多一風堂〉が人気を得ているようだ。また、定食や定食的なメニューを現地の好みにあわせて用意しているラーメン店もしばしばあり、そこでは「現地化された日本定食文化」を垣間見ることができる。

デパ地下の大当たり定食と豚平《とんぺい》焼き

最後のランチは、高島屋の地下で「日本の定食」を供する店を訪れた。

オーチャードロードは巨大なＳＣ《ショッピングセンター》だらけだが、そのひとつにニー・アン・シティがあり、そのビルの中に高島屋が入っている。専門店街には巨大な紀伊國屋書店もあり、家族が買い物をしている間に、定食関係の本を探索することができた。どの国に行っても書店に「潜航」している時間は、じつに充実したひとときだ。

さて、女子3人と合流したところで食事をしようということになり、地下2階にあるフードビレッジに向かった。おお、〈京都茶房 味亭〉なる和食の店があるじゃないか！ 定食研究にはまさにビンゴである。

「なんでシンガポールまできて定食を食べるのよ？」

「またパパの趣味でしょ？」

不満や文句を言う家族に身振り手振り、噛んで含めるようにしてかき口説く。

「ほら、でもここ、いろいろあるからさ。きみたちが食べられるものも多いと思うよ」

必死の説得が功を奏し、なんとか入店の許可が下りた。やれやれ。

どうやらこの店はアジアで大きく展開している味千ラーメンの経営らしい。店に置かれている紙ナプキンに〝味千拉麺〟とあり、キャラクターの女の子が描かれていた。

さて、メニューを見ると、チキン照り焼き、豚しゃぶ、チキンカツとじなど、さまざまな和食が勢ぞろいだ。メニューは英語と日本語の併記。「とんかつが食べたい」という上の娘にはポークカツを「定食」（〝as set meal〟とある）で注文。12・8ドル。下の娘が希望したエビフライは単品でとる。これは5・8ドル。めずらしく娘たちが「このお好み焼きも食べたい」とメニューを指して声をそろえたので、豚平焼き（4・8ドル）もいっちゃおう。そして「冷たいお茶」を1ドルで注文。じつは後から水をタダでくれたので不要だったのだが、なかなかそういう事情はすぐには呑み込めないよね。そしてデザートとして、4ドルの抹茶サンデーをひとつだけ頼む。全体的にボリュームがわからないので、とりあえずはこれだけにしておき、あとは子どもの食べ具合で追加注文を考えることにしようと戦略を立てた（結局追加注文の必要はなかった）。

かくして、続々と料理がやってくる。ポークカツ定食はまさに「ザ・定食」。味噌汁、しば漬、そして小皿で奴豆腐。ソースは別皿で添えられている。カツは皿に敷かれた金網の上に静かに横たわり、キャベツ、トマトなどの生野菜が脇をかためている。片隅で練りからしがとぐろを巻いているのがおもしろい。椀の蓋を取って味噌汁をすすると、なんだかインスタントのような気がする味（笑）。ただ、異国で飲む味噌汁としては、まあ平均点はクリアか。ワカメとネギのシンプルな具である。トンカツはかなり水準が高く、カラリと揚がっていて肉の味もちゃんとする。うまい。豆腐に醤油ではなく胡麻ドレッシングがかかっているのもユニークだ。続いて、下の娘のリクエストで注文したエビフライ。こちらも日本的なしつらえで、過不足なくおいしい。4尾もあって驚いた（3尾の下に1尾隠れていた）。添えられたマヨネーズがやはりとぐろを巻いている（笑）。ポークカツもエビフライも、子どもたちは妻と分け合いながらよく食べた。

さて、問題は豚平焼きである。豚肉と山盛りのキャベツを薄焼き玉子でくるんだ大変正しい豚平焼きであった。ところが、「なんだぁ、お好み焼きじゃないじゃん。パパ、ちゃんと説明してよ」と子どもたちにぶつぶつ言われる。食べたいって言ったのはおまえたちじゃないか、

見た目も麗しい豚平焼き。しかし、ふたりの子どもは不平たらたら

というセリフを呑み込んで、いそいそと自分の前に皿を引き寄せる。だってさ、すごくおいしそうなんだよねぇ、この豚平焼き。結局、私が喜々として全部たいらげるのだった。子どもとはいえ女は強く、怒らせると厄介なのである。

しかし、最後に出てきた抹茶サンデーはたいそうお気に召したらしく、彼女たちの機嫌はたちどころに直ったのだった。

かわいいカルチャーのファストフード

オーチャードロードからスコッツロードに入ったところにあるファー・イースト・プラザの1階に、なんだか気になる店を見つけていた。名前は〈KITCH

カワイイお店でカワイイ「オムめし」を食べる

EN MOGUMOGU〉。どうやら日本の「かわいい」カルチャーをテーマにしたファストフードの店のようで、これは間違いなく今現在の日本食が流入しているだろうから、時間をつくってぜひ入りたいと思っていた。最終日の夕方を迎え、上の娘を連れてわくわくしながら、ついにポップな色合いのお店に足を踏み入れる。妻と下の娘はオーチャードロードの伊勢丹で買い物、つかのま別行動である。

照り焼きチキン丼6・9ドル、アイスクリームのバーガー（アイスパンバーガー）3・9ドルなどがあるなか、メニューを睨んで熟考の末、オムめし5・9ドルを注文。

小さめの四角い容器に入ってサーブされたオムめしとさっそくご対面。こりゃ

SANSAI INARIの名の通り、中にはゼンマイとワラビが

かわいいな。レタスが添えられたオムライスで、薄焼き玉子の上に放射状にかけられているのは、意表をついたお好みソース。中はレーズン、ニンジン、ハムを具としたケチャップライスでとても穏やかな味。スプーンではなくレンゲが添えられており、少し味見してから子どもに渡す。「うん、けっこうおいしいよ」ぱくぱくとしっかり食べてくれたのだった。

かわいさもおいしさのうちということだろうか。

シンガポールのいなり寿司やいかに

シンガポールにきても、定食研究に付随して恒例となっているいなり寿司探索を忘れてはいけない。妻たちと合流する前に立ち寄った伊勢丹の〈平嶋水産〉で山菜いなりを4・9ドルでゲットした。割り箸は有料で0・1ドルか。まあ、なくても困らないが、後学のために購入しておこう。おいなりさんは3個入っていて、紅ショウガ、ワサビ、醤油も添えられている。酢飯の中にはゼンマイとワラビが入っているが、味は淡白だった。

さらに、出国寸前のチャンギ空港でも〈SAKAE SUSHI〉という大きなテイアウト専門の寿司屋を見つけ、即座にいなり寿司を購入。ここは品数も多く、巻き寿司系などは見た目にもたいへん美しかった。ちなみに、いなり寿司は2個入りで2ドル。ただし紅ショウガも醤油も入っていない。その後機内で食べたが、酢飯はやはりぼんやりとした淡白な味。ちょっとお米がパサパサで、油揚げは甘めであった。それにしても、いなり寿司は片手でつまめるから、持ち込み機内食としては非常に便利な食事だよね。

古きも新しきも魅力にあふれた国

今回のシンガポール旅行では、出発直前まで個人的に忙しかった事情もあり、1942年から約3年間続いた日本軍占領下における出来事や、それに関連する史蹟などを下調べする時間がほとんど取れないまま機上の人となった。旅を終えて帰国後いろいろと調べ直すと、やはりというべきか、驚くべき事柄や、実際に足を運んでみたいと思える場所が非常に多く出てきて、その意味でもぜひもう一度行ってみたい国となった。

本題である食に関してだが、シンガポールでまず強く心に残ったのは、ホーカーセンターやそこで供される食べ物の揺るぎないおいしさだ。これらの場所では、訪れた人の誰もが間違いなく豊かな定食的ごちそうを楽しむことができるだろう。くわえて、シンガポールはどこへ行っても街がきれいで清潔。これは子どもを抱えた家族旅行ではポイントが高い。わが家のように父親（夫）以外は全員女性という場合はとくに（笑）。いくらおいしくてもあまりきれいでないお店だったりすると、女子たちは気の進まない顔をするからねえ。

アジアの中でも経済成長が著しいシンガポール。勢いのある新興国ならではの「新しいもの」への好奇心が、食の分野でもやはり感じられてそれもおもしろかった。

そして、私たちにとって王道の定食メニューであるサバ定食やとんかつ定食が、「大筋では日本と同じだけれど、局所的に非常に個性的な発展を遂げていた」ことなども、実際に食べてみなければわかり得ない真実で、たいへん興味深い調査となった。

〈コラム〉

キャセイビルと作家たち

日本軍は戦時中、プロパガンダ（宣伝活動）の一環として作家や画家らをさまざまな戦地へ従軍させ、作品を作らせた。シンガポールもその例外ではなく、著名な作家などが送り込まれた。彼らの世話をし、手配を担ったのがキャセイビルの中にあった日本軍宣伝部である。井伏鱒二も陸軍徴用員として１９４１（昭和16）年に従軍し、42年にシンガポール入りしたが、戦時中のシンガポールを舞台とした井伏の作品『花の町』の冒頭にはキャセイビルが出てくる（作中では「カセイビル」と記されている）。

39年に建てられたビル自体はすでにないが、２０１４年現在、同じ場所に当時の外観を再現したシネコンがそびえている。ちなみに、シンガポールの道路は戦前とあまり変化がなく、ホテルやポイントとなる建物も同じ場所に現存することが多いため、現在の地図から往年を追憶することが比較的容易だ。

キャセイビルの屋上は、記念写真の撮影場所としてかなり利用されていたようで、雑誌「歴史写真」（昭和17年9月号）には、開戦以降アメリカに軟禁されていた野村・来栖両大使が日本への引き揚げ時にシンガポール（雑誌には「日本勢力の西玄関たる昭南《しょうなん》港」とある）に上陸し、同ビル屋上から市内を展望している写真が掲載されている。当時シンガポール唯一の高層ビル（14階建）で見晴らしもよく、「征服」

した実感も湧いたのだろう。

話を井伏鱒二に戻すと、ここで彼は英字新聞「昭南タイムス」の編集兼発行人となった。日本の有名な画家たちも献納画を描くためシンガポールにやってきていて、その中には藤田嗣治もいた。井伏は「昭南タイムス」に画家のスケッチを載せていたが、藤田にも何度かスケッチを描いてもらったそうだ（井伏鱒二「シンガポールで見た藤田嗣治」）。井伏が編集して藤田が絵を描いたとは、なんとも贅沢な新聞だ。

軍に徴用されていたのは、作家や画家だけでない。映画監督も同様であった。43（昭和18）年から、インド独立をテーマとした『デリーへ、デリーへ』製作のため大本営報道部嘱託として小津安二郎がシンガポールに送り込まれた。彼は最初、日本人経営のフジ・ホテルにいたが、途中からキャセイホテル8階に移った。小津は撮影をしつつも、連夜、接収したアメリカ映画をひたすら見続けたそうだ。それはオールカラーの『風とともに去りぬ』、『市民ケーン』、そしてディズニー映画であった。『東京物語』で助監督を務めた高橋治による『絢爛たる影絵　小津安二郎』（ノンフィクション・ノベル）に収録されている「幻のシンガポール」には、敗戦時に小津がカメラマンの厚田雄春に対して語った言葉が掲載されている。以下、その会話部分を少し紹介する。最初が小津、続いて厚田の順である。

「ジョン・フォード、ウイリアム・ワイラー、ウォルト・ディズニー」

「ああ」

「日本じゃまだ誰も見ちゃいないんだ。ワイラーの真似をしているだけでも、四、五年はやって行けるぜ。そうしてる中(筆者註・原文ママ)には、シンガポールで仕込んだ肥料がジワジワと効いてくる。もっとも、帰れての話だがな」

結局、小津が無事帰国し数々の名作を撮ったことは周知の通りである。
つまり、シンガポール時代は後の小津作品にとって比較的重要な時期だったのだ。

バンコクわくわく定食ツアー

山田長政が渡ったシャムの時代から太平洋戦争時も通じて、日本と古くから深い親交を結んでいるタイ。往年の日本との関係をたどるのも興味深いが、旅行をしていると近年、日本食の影響を非常に強く受けているなと感じられる国でもある。また、ソウルと並んで家族旅行客にとって大変に「やさしい」街でもある。ホテルの朝ごはんのおいしさも世界有数で言うことなしだ。

日暮里発バンコク行き――2009年夏

まだ上の娘が生まれる前に、妻とふたりでタイへ旅行にいったことがある。20世紀末のことだ。当時からバンコクの中心部には伊勢丹など日本のデパートがあり、また日本の影響を受けた食文化が存在することも日に三度の食事で知った。以来、私にとってバンコクはアジアにおける重要な定食研究の候補地となったのだった。

ただ、当時は市内を移動するのに便利な鉄道システムもなく、タクシーやトゥクトゥク（3輪自動車の乗り合いタクシー）を利用せねばならず、いずれも値段交渉などがけっこう面倒なのだ。タクシーの運転手に「ちゃんとメーターを動かして」といちいち指示を出さなくてはならなかったり……。そういう交渉自体が旅の醍醐味のひとつともいえるが、子ども連れで毎回それをやるのはかなりしんどい。

それゆえ、家族でのバンコク行きにはずっと踏ん切りがつかないでいたのだが、調べてみると、現在ではBTSという市内交通システム（バンコク・マス・トランジット・システムの略。別名スカイトレイン）が稼働していて、移動も便利になったらしい。子どもたちとの旅行では非常に大事な「子どもが楽しめる施設」についても、立派な水族館ができているようだと妻が言う。夏休み期間にしてはツアー代金が比較的安いこともわかった。

それならば行くか！　ということで、ほぼ10年ぶりに、こんどは子ども連れでバンコクへ旅立つことを決めた。

成田空港からノースウエスト航空で飛ぶが（2009年の時点では、タイ便はまだ成田発のみだった）、出発は夕方なので時間はたっぷりある。国内の移動費は安上がりにいこうと、いつものリムジンバスではなく、小田急線で新宿まで出てから山手線で日暮里へ。ここから京成スカイライナーに乗ってもよかったが、妻と協議し別料金のかからない特急でもいいじゃないかということになった。

とりあえず駅ビル（日暮里アトレ）に入っている総菜屋でおにぎりをいくつか買い、京成線に乗り込んだ。スーツケースを抱えて家族で普通の電車のロングシートに座るのもなんだか新鮮な感じ。

出発するとすぐ、特有のごちゃごちゃした街並みが続く新三河島、町屋、千住大橋などを通過する。子どもらは物珍しそうにずっと車窓の外を眺めている。娘たちにとっては、はじめて見る東京北東部の風景なのだった。考えてみれば、千住あたりの街並みはことさらアジア的混《こん》沌《とん》に満ちている。電車の中にも、アジア各国の人々や欧米のバックパッカーの姿がチラホラ。

当然だが、国と国の境目はあっても、文明には明確なボーダーはなく、だらだらと地続きになっているのだ。

「そうか、もう旅行ははじまっているのだ！」と実感したのだった。

コンビニでカニかまを即買い

飛行機がバンコクに到着したのは深夜零時。日本時間では午前2時だから2時間の時差だ。今回の宿は市内のバイヨークスカイホテルという超高層ビルである。フロントは途中階にあり、そこから上がホテルとなっている。まあ、中の上くらいのグレードのようだ。

シンガポールと同様、深夜到着の場合は早く寝ないと次の日がつらくなるが、それでもホテルのフロント階にあった〈ファミリーマート〉だけはチェックしておこう。ホテルの中の店舗は街の雰囲気から隔絶されていることもあり、日本の〈ファミリーマート〉と雰囲気が似ている。何を買おうかと思う間もなく、またしてもカニかまを発見し即買いする。38バーツ。日本円で120円弱くらいかな。部屋に戻り、寝る前に食べようと封を開けて驚いた。なんとワサビと醤油が付いた親切設計になっている。こりゃこのままつまみになっていいな。なにげなくカニかまを裂いてみると、繊維のほどけ方もまあまあのレベルであった。

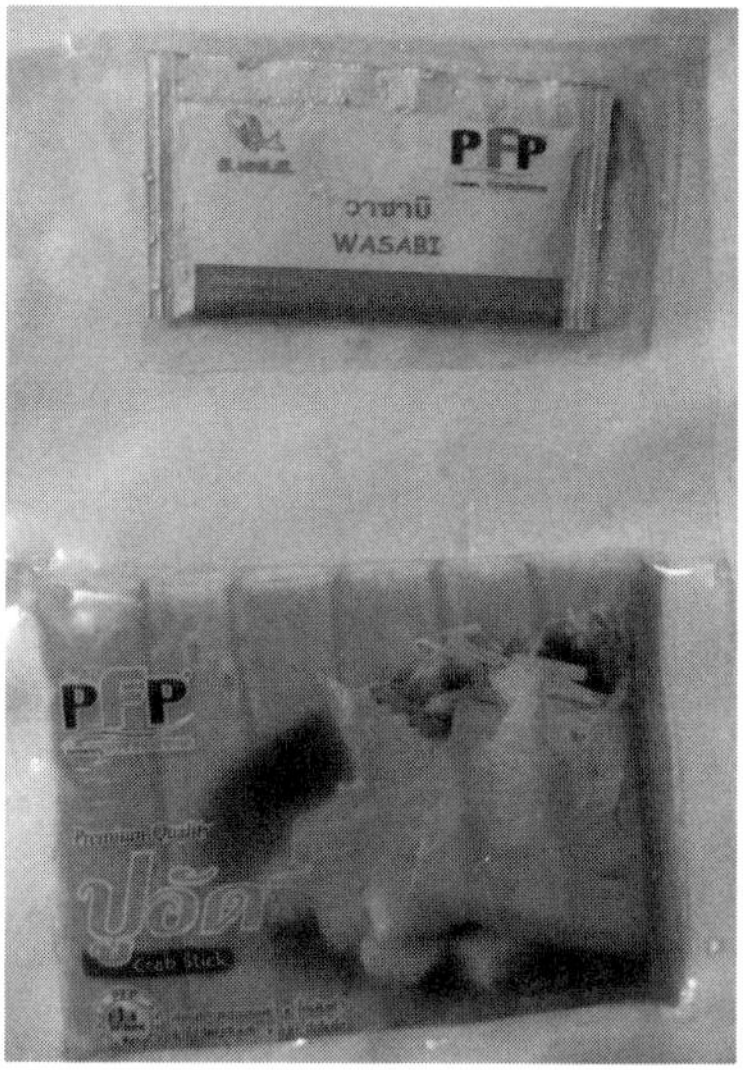

ファミマで買ったワサビと醤油が付いたカニかま

娘たちも気に入ったホテルの朝食

バンコクのホテルはシンガポールや台北《タイペイ》と同様、だいたい朝食が付いている（韓国や香港ではあまりない）。以前きたときも朝食はあったな。なんにせよ、朝から見晴らしのいい高層階でステキなブッフェが味わえるなんてシアワセだ。タイ風ラーメン、ナンのようなパンなど、その場でつくってくれるメニューも多い。さまざまなフルーツの絞りたて生ジュースも滅法おいしく、ついつい食べ過ぎてしまう。また、日本食コーナーも充実している。味噌汁、ごはん、お新香、豆腐、そば、焼き魚、玉子焼き、かまぼこなどに加えて、ここにもカニかまが！　タイではポピュラーな存在なのだろうか。ただ、昨夜の〈ファミリーマート〉のものと比べると繊維のほぐれ方はそれほどでもなかった。

これまでの旅行と比較しても、娘たちはこの朝食をとてもよく食べてくれた。理由はおそらく3つ。ひとつ目は海外旅行そのものに慣れてきたため。ソウル、台北、シンガポールときて4回目だからね。ふたつ目は子どもたちが成長して食べるものの許容範囲が広がったことだ。上の娘は小学5年、下の娘は小学1年になっていた。そして3つ目には、バンコクのホテルの朝ごはんが掛け値なしにおいしく、日本食もいろいろあって食べやすかったことが挙げられるだろう。なかでも絞りたての生ジュースがお気に入りで、「このジュースおいしいねぇ」とふたりともよく飲んでいた。

「暁の寺」と三島由紀夫

朝食を食べたらさっそく観光だ。ホテルの入っているビルの1階からバスに乗って市内をぐるぐる回るツアーである。最初に訪れたのは比較的近くにあったワット・アルン。なんともきれいな仏塔だ。三島由紀夫による『暁の寺』のモデルとなったことでも有名な寺である。『暁の寺』は、長編小説『豊饒の海』4部作の第3巻にあたる。『豊饒の海』は貴族（侯爵）・松枝清顕が輪廻転生を繰り返す話で、狂言回しとして友人の本多繁邦がその転生のさまを追い続けるという流れとなっていて、第1巻『春の雪』は明治末から始まる。伯爵家の綾倉聡子と

やはりワット・アルン（暁の寺）はカッコいい

の恋がテーマで、続く第2巻『奔馬』は昭和初期の国を憂う青年飯沼勲の物語、そして太平洋戦争から戦後までが舞台のタイの姫ジン・ジャンの物語である第3巻『暁の寺』につながり、戦後を舞台とした安永透が主人公の『天人五衰』で幕を閉じる。個人的には若き国士飯沼勲が主人公の『奔馬』がいちばん好きだ。まさにタイトルのごとくはじけるような文章と流れるような展開で何度も読み返したが、今回このバンコク編の稿をまとめるにあたってふたたび読み直すと、この第3巻『暁の寺』が改めて深く胸を打つ。

というのも、本多繁邦の年齢が47歳からはじまるからだ。私も現在（2014年）同年齢である。文学は年齢によって心への響き方が変わってくるからおもしろいね。ちなみに、三島は1970年に45歳で自決しているので、45歳の延長線上としての「47歳」という設定だが、さすがにリアルな「47歳」を感じさせるものがある。五井物産により訴訟事件で招かれた本多は、同社より菱川という得体の知れない人物を通訳兼案内役として付けてもらうのだが、物語の冒頭、彼の話を気安く無責任に聞く場面がある。「すでに四十七歳の本多は、何事も人まかせにすることが、とりわけこんな炎暑の国にいては、自分の自分に対する礼譲だと思っていた」と続くのだが、まさに人生の年輪を感じさせるくだりである。

本多はオリエンタルホテルを宿としていて、部屋はメナム河の眺望の美《よ》い一室だった。対岸には暁の寺（ワット・アルン）がある。物語のなかでは、河口に沈む夕焼けの美しさと、本多が翌朝、暁の寺を訪れる場面が描かれている。

「塔の重層感、重複感は息苦しいほどであった。色彩と光輝に充ちた高さが、幾重にも刻まれて、頂きに向って細まるさまは、幾重の夢が頭上からのしかかって来るかのようである」

「メナムの対岸から射し初めた暁の光りを、その百千《ももち》の皿は百千の小さな鏡面になってすばやくとらえ、巨大な螺鈿細工はかしましく輝きだした」

私たち一家がワット・アルンを訪れたのも朝方だったので、三島が描くまさにそのご極彩色を楽しむことができた。

また、料理の詳細な描写こそないが、オリエンタルホテルで出される純イギリス風の皿数が多い「贅沢な」朝食を菱川と食べようとする場面も出てくる。オリエンタルホテルはマンダリンオリエンタルと名称を変えつつもその偉容は現存していて、屈指の名門ホテルとして人気は高い。

宿泊はしていないので朝食は無理だけれど、同ホテル〈オーサーズラウンジ〉のハイ・ティーは食べたいなと妻と話していた。ハイ・ティーというのは、3段トレーの上にスコーンなどの軽食が乗ったものと紅茶のセットですね、だが結局スケジュール的に余裕がなく、今回の旅では同ホテルへは行けなかった。

しかし、後に訪れたサヤーム・パラゴンというショッピングセンターのなかに同ホテルによる〈L'espace de l'Oriental〉というカフェがあり、そこでハイ・ティーを楽しんだ。大人ふたりがハイ・ティーをしている間、娘たちは上品なアイスを食べていた。


なお本稿とは直接関係ないが、『暁の寺』は後半の戦後部分も非常によい。とくに戦前の文化が壊れていく描写がすばらしい。戦後に荒廃した帝国ホテルに触れ、占領軍が「庭の石灯籠には平然と白ペンキを塗ったのである」と書いてある。「平然と」というところに、三島の悲しみと怒りが表れている。

三島は国内外でホテルをよく活用したが、「ホテルと三島由紀夫」というテーマでまとめてみてもおもしろいかもしれない。

本家の姿から遠く離れてしまったお汁粉

ホテルブッフェでお汁粉を

その後は川下りをしたり、巨大な寝釈迦仏像で有名なワット・ポー、そして黄金の大仏塔がそびえたつワット・スラケート、王室寺院であるワット・プラケオなどを見学して、トンタラ・リバービューというホテルでブッフェの昼食となった。チャーハンやら丸いつみれの入ったタイ風ラーメンに舌鼓を打つ。定食好きの私だけど、このタイ風ラーメンというやつはさっぱりしているし、魚の練り物も入っているしということで、かなり気に入って旅行中はよく食べた。子どもたちもラーメンをわしわし食べている。いいねえ！

さらにデザートコーナーには〝ＯＳＨ

ＩＲＵＫＯ〟と記された鍋があり、試しにお碗によそって食べてみると、黒豆のココナッツミルク煮で、日本の「お汁粉」とはかなりちがうものだった。でも、これはこれでなかなかおいしい。豆を甘く煮てデザートとする食文化はアジアに共通していますね。

コーヒーショップで食べるすばらしい日本食

ホテルに帰ると、子どもたちがプールで泳ぐというのでそれに付き合い、すっきりさっぱりした後は、ホテルそばの屋台街へ足を運んだ。色とりどりの雑貨や玩具、そしてＴシャツやサンダルなどを家族で眺めつつ歩く。旅行中にかぎっては5割増しで気前がよくなっているので、子どもたちの言うままに玩具やシャツなどを買う。ああ、この瞬間のために生きているなあ、と笑みがこぼれてくる。

ホテルのエレベーターに乗ると、フロントにあるコーヒーショップのメニューが貼られていた。ヨーロピアンセット、アラビアンセットに加えてジャパニーズセットもあり、これがトンカツ、天ぷら、刺身、煮物と、これでもかというくらい盛りだくさんの弁当なのだ。よし、それならば、ということで早速家族を説得にかかる。

「ねえ、ホテルで夕食を食べようよ。このレストランで！」

さきほどの屋台街で多少気分がよくなっていたせいか、または、もはや私の定食趣味をあきらめているせいか、とりあえず家族は了承してくれた。やった！

　着席してメニューを見ると、ジャパニーズセットはデザートやらいろいろ付いて税抜き420バーツ。レート的に約3倍で日本円になるので（当時）、1260円でそれほど高くはない。けれど量がすごく多そうなので、250バーツの天ぷら弁当に変更しておこう。税（7％）＋サービス料（10％）がプラスされて約1000円だ。これでも現地価格としてはかなり高額といえる。フードコートの定食はほとんど50バーツくらいだからね。子どもたちは天ぷらうどん（140バーツ）をそれぞれ選んでいる。さらにスイカをまるごとくり貫いたスムージーというのがあり、80バーツなのでこれも注文。海外だと家族4人でも3人前くらいでちょうどいい場合が多いから、とりあえずこのくらいにしておこうか。

　しばらくのあいだピアノの生演奏を聴きながら優雅に待っていると、まずは天ぷら弁当が登場。これがまた目を引くラインナップである。まず、器の左手前にはエビ2尾とニンジン、かぼちゃ、ごぼう、ピーマン、さつまいもといった野菜天が盛りだくさんで、大根おろしとおろしショウガが脇に添えられている。左奥にはサーモンの刺身に大根の千切りが、そして右奥には竹輪の煮付け、ポテトサラダ、カニかま、玉子焼き、アスパラ、ヤングコーン、ニンジン・キュウリ・プチトマト・キャベツのサラダにサウザンアイランドドレッシングがかかったもの、そして中央には大根の浅漬、しば漬、右手前にはごはん（花形にポーションされ、ゴマが振られている）、味噌汁、濃口醤油。さらに天つゆが並ぶ。

愚直なまでに再現されている「日本」に胸が熱くなる

とくに興味深いのは、天つゆが小さな丼に入ってサーブされたことと、さまざまな料理の下にやたらとレタスが敷かれていること（これは他の料理でも一緒だった）、そして煮物が竹輪だらけだった点である(笑)。

いずれにせよ、日本文化に倣《なら》って、いや日本以上に日本の食文化を忠実に守ろうとしている、そんな気配を感じた。なんかもう、この一食でバンコクの定食研究はバッチリなのでは、という気すらしてくるね。

では、とりあえず味噌汁からいただきましょう。具はワカメ、豆腐、ネギといたってオーソドックス。味も濃すぎず薄すぎず、海外で口にする味噌汁としてはダントツにおいしい。定食メニューのなかでも味噌汁は、日本と外国とでもっとも味に差のつくところなのである。

次に、さつまいもの天ぷらを箸でつまみ上げる。サクサクに揚がっていて、いいわよ、いいわよ！　という感じ。野菜ダネが豊富だから健康面でも安心だ。それを受け止めるごはんの炊き加減が柔らかくも硬くもなく、これまたじつによろしい。サーモンの刺身も問題ないね。安定した供給量や冷凍による流通の向上、さらには味の嗜好性によるのか、洋の東西を問わず海外ではサーモンの刺身によく出合う。そういうことでいうなら、アジア圏ではなぜか、ドレッシングはサウザンアイランドが圧倒的に多いよねえ。

竹輪の煮付けも、ダシを感じるいい味だ。カニかまにもまた出合えてうれしいよ。

それにしても膨大な量であった。そこそこ大食いを自認してきた私だが、ひとりで食べきれる気がしなかったので家族にも少々手伝ってもらい、ようやく完食した。

ちなみに、子どもたちの食べた天ぷらうどんは、エビ天2尾にかまぼことネギが入っていて、後で聞いたらこちらもおいしかったそうだ。私はといえば、豪勢な弁当の「取材」に夢中で、子どもたちの反応すらろくに見ていなかったのであった。

水族館とフードコート

翌日は、サイアムスクエアにあるサイアムオーシャンワールド（2005年開業）という立派な水族館へ行くことにした。まあ子連れだから、動物園や水族館が近くにあれば迷わず行くことになるのですね。途中、少しだけ家族と離れ、同じ街にあるタイの名門、チュラロンコン大学の学食に潜入してチャーハンを食べたりしたが、そのときの話は『学食バンザイ！』という本に書く予定なので割愛する。その後家族に再合流すると、水族館に入る前に「食事をしたい」ということになった。

サイアムパラゴンという巨大モールの1階にあるフードコートに入ってみた。水族館はこの地下だ。台北《タイペイ》やシンガポールと同様、バンコクでもデパートやSC《ショッピングセンター》の中にフードコートがよくある。

プリペイドカードを先に購入して各店での支払いに使うシステムらしい。まずは200バーツのカードを買い、どこで食べようかと物色する。寿司屋では、個別にラップされたものとパック詰め

チュラロンコン大学の学食にて。こうしてサーブしてくれる

ごはん、汁、おかず、漬物（キュウリ）と定食の要素はそろっているね

になったものが売られていた。熊本の〈桂花ラーメン〉もあるな。

今回は地元の人たちが食べているものを試してみたい。鳥の唐揚げを売っている店で見つけたピラフライス&フライドチキンは55バーツ。200円弱は安い。これを2人前で間に合うかな。注文するとおじさんが唐揚げを包丁でサクサクと切ってお皿に盛り、ピラフは型に入れてポーションし、付け合わせの薄切りキュウリ、スープと一緒にトレーに乗せ渡してくれた。このフードコートの中央付近には魚たちが泳ぐ巨大水槽があり、せっかくなのでその前の席でいただくことにした。

表面にパセリが浮かぶスープはその見た目の透明感から淡泊な味を想像していたが、口に含むとコクが深くて驚いた。ピラフのライスはジャポニカ米ではなく、タイの長粒パサパサ系だが、ご当地なのだから当然だろう。うん、おいしいですね。唐揚げもよく揚がっている。やっぱりタイでも揚げ物全般のクオリティは高い。私はスープと唐揚げをひとつ、そしてピラフを少しもらって引き下がり、あとは子どもたちにすべて明け渡した（なにしろ今しがた学食でチャーハンを食べてきたばかりだったので）。

学生と〈マクドナルド〉

水族館では船底から水中を見ることができるグラスボートに乗ったりと、大人もなかなか楽しめた。日本の水族館でも定番の、巨大な水槽の中を通り抜けられる透明強化プラスチック製トンネルもちゃんとあった。置物の等身大ペンギンと一緒に記念撮影ができたりと、撮影スポットが多いのも家族旅行客にはうれしい。

水族館で土産のペンギンのぬいぐるみを買わされた後、娘たちが「おなかが空いた」と言いだした。またぞろ〈マクドナルド〉に入り、子どもセットやらいろいろと食べることに……。わが家ではいつもの流れである（しかも海外だけにはかぎらないのだ）。

平日の夕方ということもあり、店内は制服姿の中高生たちでいっぱい。タイの学校は日本と同様、制服文化らしい。そんななかでいつものハンバーガーを食べていると、町田や所沢の

開けると中はこんな感じ

日本語で書かれていてわかりやすい

〈マクドナルド〉にいるような錯覚を覚える。おそらく、学校帰りにこうしたファストフード店で勉強したり友達としゃべることは、世界共通の現代文化なのだろう。

コンビニの照り焼きチキン弁当

その後サイアムスクエアの伊勢丹などで妻たちは買い物に励んだ。ホテルに戻る途中、多くの露店が並ぶ路地に行き当たり、縁日のような光景に気分が昂揚してきた。バンコクは露店が楽しい街だよね。ここでは娘たちのサンダルとぬいぐるみを買った。

ホテルは高層ビルの中なので展望コーナーがあり、そばには子ども向けの遊技コーナーなどもある。コインを入ると軌道を動くトゥクトゥクや撮影した顔写真を銅のプレートに刻印してくれる装置などで少し遊んだ。

部屋でくつろぐ女性陣に、夕食はもういいかと尋ねると、さっきマックで食べたからおなかは空いていないとのこと。じゃあ、自分の夜食だけどこかで調達してこようと、ホテル内の〈ファミリーマート〉へ足を運ぶ。チルドコーナーに照り焼きチキン弁当を発見。29バーツか、おもしろいから買ってみよう。日本と同様レンジで温めてもらう。部屋で開くと、シンプルに鶏肉と米だけの弁当だ。ごはんからはジャスミンの香りがする。鶏肉は甘煮。全体的にまあまあの味。日本でも100円前後で売っていたら買うかもね。

免税店と鉄火巻き

翌日。いよいよ今夜には帰国するので最後の一日を有意義に使わねばならない。

まず早朝、子どもたちとホテルのプールで遊ぶ。日本のホテルとはちがいアジア諸国では、別料金なしでプールを使用できる場合が多く、子どもたちもそれを楽しみにしている。水に入ると少々疲れるが、家族旅行の場合はそんなことを言っていられない。家族みんなが何がしかの満足を得るためには、ときにいろんなことを甘んじて受け入れる心構えも必要なのだ。プールの後は朝食ブッフェ。今日で食べ納めなので和定食のように盛り付けてみる。

食べ終えた後は免税店のキングパワーＤＦＳ《デューティーフリーショップ》へ。高架鉄道ＢＴＳでアヌサーワリー・

チャイ・サモーラプーム駅まで行き、その駅と連絡したデパートのセンチュリーモール裏から無料送迎のトゥクトゥクに乗る。ここでは値段交渉をしなくていいので家族で乗るのにはとても便利だ。

トゥクトゥクには、バイクに乗っているかのような解放感がある。自動車とちがって外気と触れ合っているからだろう。オープンカーよりもオープンなのだ。私の実家は四国で商売をやっていて、今では配達用トラックを使っているが、私が子どものころはサンバーというオート三輪だった。あの3輪車も車体の密閉度が低く解放感があったが、あれに近い感覚だなあ。台湾もそうだが、ある世代以上の日本人にとってはタイも「懐かしさ」の宝庫で、それも旅の大きな魅力のひとつといえる。

DFSはかなり巨大な建物だ。ここにきたのは、フア・ラコーン・レックというタイの伝統的な人形劇を観るためである。3人一組で人形を操るも

ので、劇もなかなか楽しく子どもたちも満足したようだ。最後に、観客席に降りてきた人形にお金をあげるという触れ合いがあり、これも娘たちには興味深かったようだ。まるで正月に獅子舞にお金をあげるような風情で、アジアの文化のつながりを実感する。

その後、妻は買い物があると出かけていったので、私は子どもたちと食事をすることにした。〈アジアンコーナー〉というカフェレストランに吸い寄せられ、勢いで入店。免税店の入っているビルなので日本人の買い物客も目につくが、中国人やインド人もかなり多く、とくに日本人御用達のレストランというわけでもないようだ。

ツナロールという鉄火巻があったので注文。110バーツ。ふたりの娘は唐揚げを食べたいという。こちらは120バーツ。ラーメンもあるが、まあやめておくか。しばらく待っていると到着した鉄火巻は6個入り。芯のまぐろがけっこう大ぶり。ピンク色のガリがレタスの上に乗っている。レストランは非課税ではなく、いずれも17%の税金などがかかる。

鉄火巻は生ものなので私だけが食べることに。酢飯も上品でまあまあおいしいが、巻きが弱いのか、かじるとほろほろと崩れてくるのが玉にキズだ。唐揚げは日本で食べるものと同様、ふつうにおいしい。それにしても、タイにかぎらず東南アジアの揚げ物はどこもおいしいね。

やや辛めの珍しい味のいなり寿司

伊勢丹でいなり寿司

バンコクでも、いなり寿司のフィールドワークはぜひとも試みておきたい。伊勢丹5階のスーパーにある〈すし華〉で買ってみた。ちょうど安売りタイムで、定価70バーツが56バーツになっていた。5個入り。割箸はサービスでくれた。後でホテルに戻って食べると、白ゴマ入りで、甘さよりやや辛さが勝ったいなりで、ちょっと珍しい味がした。

露店散策と〈聘珍樓〉

ホテルへ向かう途中、プラトゥーナム市場の露店街をぷらぷら見て歩く。高層ビルの谷間に広がる市場では、夜店がと

露店をふらふらとするのが大好きだ。家族と一緒ならなおさらですね

ても賑やかだ。なんともアジア的な光景でわくわくする。伊勢丹の前にある〈ビッグC〉という巨大スーパーにはめぼしいものがほとんどなかったが、こちらの市場では有意義な買い物がたくさんできた。ソウルでも夜の露店巡りは楽しかったが、衣服などのバリエーションはバンコクのほうがずっと豊富なので、見ているだけでも飽きない。

なんだろう、こうしてあてもなく歩きながら夜店で買い物をしたり、笑顔で何かを食べたりしていると（とくに家族とそういうひとときを過ごしていると）、ひょっとすると今が自分の人生のなかでいちばん幸せな瞬間なんじゃないか、といった思いがじわじわと胸に押し寄せてくる。

かくして部屋に戻り、深夜の帰国に備えて子どもたちをいったん寝かしつけた。

私はどうしても近くにある横浜中華街〈聘珍樓〉のバンコク店に行っておきたかったので、ささっと出かけてチャーハンのおみやげを買ってくると、おいしく部屋で食べたのだった（このときの話は拙著『土曜の午後は中華街』［神奈川新聞］に詳しいです）。そんなこんなしていると深夜の集合時間が近くなり、子どもたちを起こしてホテルを後にしたのであった。

成田空港での朝食はラーメン

私たちを乗せた飛行機は早朝、成田空港に無事到着した。

羽田空港とはちがい自宅のある町田まではなかなか遠い。家長としては一刻も早く家族をリムジンバスに乗せ、帰宅の途につきたいところだったが、子どもたちが「おなかが空いた」と朝食を要求する。「で、なにを食べたいのよ」と聞くと声をそろえて「ラーメン」。「いいじゃない、ラーメン食べて帰りましょう」と妻も歩調を合わせるので、ならばと空港内にある〈えびす亭〉というラーメン屋に入った。

チャーシュー麺を注文。物価の安いバンコクから帰ってきた直後なので、ものすごく割高に感じられる（たしか900円くらいだった。国内なのに記憶はあやふや）。それでも喜んで食べている子どもたちを見ていると、「外地でいくら日本食を食べていても、やはり日本で食べる食事にはかなわないんだな」と当たり前のことを思うのだった。

複雑な甘みと旨みに満ちたタイの定食

基本的にバンコクでの食事は何を頼んでもとてもおいしい。それも、独特の甘みが悪魔的に味蕾《みらい》を刺激してくるからたまらない。混沌《こんとん》とした複雑な味のなかから、ふいに立ち上がってくるこの口あたりのよさ、形容しがたいこの旨みは、いったいなんだろう。

そもそも、タイはトムヤンクンやカレーなど辛い食べ物で有名だけど、果物をはじめとして甘い食べ物も多い。東南アジアならではの豊かな自然、そこから得られる恵みとしての食べ物が、まるで体内の浸透圧と同様の成分でできているのではないかと思えてくるほど、するすると心地よく体の中に入っていく。「タイに住むと太る」とよく言われるが、さもありなんだなと思った。

肝心の定食も同様であった。辛さばかりでなく、得も言われぬ酸味や甘みがじわーっと口腔に広がりシアワセを呼ぶ。そこへ待ちきれずにほおばる白いごはんのうまいこと!

やや現地化された様相は見せながらも、バンコクでは多くの日本食やいわゆる「定食的なしつらえ」がしっかり受容されていた。農業が盛んで、お米が食事の中心にあるお国柄だからこそ、日本食との親和性も高いのだろう。

章末のコラムでも触れたが、下川裕治さんのように、できればしばらくバンコクに住んで、さらに広範な「タイ定食」の大海原に漕ぎ出してみたいものだ。

〈コラム1〉 バンコクで買った「日本食」の本たち

例によってバンコクでも定食関連の本を探した。サイアムスクエアの伊勢丹6階にある紀伊國屋書店とチュラロンコン大学の書店（購買部）が主な探索場所である。大学では、オリジナルのノートや民族音楽のCD（黄金の三角地帯の音楽！　400バーツ）など購入することができてかなりご機嫌となった。

数々購入した本のなかで日本の定食関連のものを数冊紹介しよう。

こういうものは日本ではほとんど買うことができません。

"Umai×Umai"（90バーツ）

サブタイトルにJapanese Restaurant Guidebookとある通りお店のガイドだ。オールカラーで、美少女キャラクターがバンコクのめぼしい日本食レストランを紹介している。バンコク週報による編集のようだ。メニューの写真や値段などとともに地図も付いている。寿司、ラーメン、焼肉、お好み焼き、とんかつ、定食（〈大戸屋〉が掲載されていた）、シュークリームなどのスイーツ系まで網羅しており、日本由来の多様な食べ物を味わえる店がバンコクにはたくさんあることがこの一冊だけで充分にわかる。

〝AROI JAPAN〟（75バーツ）

「おいしい日本」という書名のイメージ通り、こちらも日本食レストランのガイド本だ。

〝Umai × Umai〟とちがうのは、「500バーツまで」「501〜1000バーツ」「1000バーツ以上」と予算別にお店が分類されている点だ。その他、寿司や和菓子のページもある。〈ペッパーランチ〉など馴染みのチェーンも載っているが、現地オリジナルの店も少なくない。たとえば〈姉御〉〈さざえ〉〈俵屋〉など見るからに日本的な名前のものから、〈HARD TIMES〉などといった無国籍なものまで。寿司のページはとくにボリュームがあり、寿司屋の紹介だけでなく、「寿司のできるまで」と銘打った図解ページも付いている。この本で紹介されている寿司は写真で見るかぎり、日本で我々が食べているものとさほど違和感のないものが多かった。ただ、唯一「巻き物系」だけは日本以上に華やかなビジュアルのものが目につく。

〝Japanese rice dishes〟（200バーツ）

前述の2冊は実際の日本食レストランの紹介だったが、こちらはレシピ本だ（左ページ写真左上）。要はワンプレートごはん、もしくは丼のつくり方で、文字がタイ語で記されているため詳細はわからないが、写真でおよそ何の料理かはわかる。カレーライスやチキン照り焼き丼、ちらし寿司などから、エビ天入りのカレーライスやエビのテルミドールが乗った丼、どうやらうな丼らしいのだが、タクアン、レタス、キュウリがうなぎのまわりに配されたものなど、非常に「タイ化」した日本料理のオンパレードで楽しい。多くの場合、丼の上にレタスやサラダ菜が飾られており、ホテルのコーヒーショップで食べた日本食も、これと同じ流れを汲《く》んでいるのだなと腑に落ちたのであった。

その他、タイの日本風ワンプレートレシピ本も買ったのだが、そちらを見ると、かなりの料理でお皿の上にレタス、サラダ菜、キュウリなどの生野菜系が並んでいた。バンコク（タイ）においては、生野菜を加えることで現地向けにカスタマイズされた日本食がごくごく自然に愛されているのだなあ。

〈コラム2〉

バンコクといえば下川裕治さん

バンコクに関する本は昔からずいぶん読んでいる。なかでも旅行作家の下川裕治さんが書かれた本は何冊も繰り返し読んだものだ。彼の本には「この店がおいしい」とかいったことはあまり書かれていない。そんなことよりも、街をふらふらと歩く楽しさ、その国に身をまかせる気安い旅気分に満ちていて、読んでいてとてもシアワセな気持ちになる。

下川さんはとりわけバンコクを愛していて、著作にも頻々と登場する。個人的には家族でバンコクに住んでしまう『バンコク下町暮らし』がいちばん好きだ。下川さんにも私同様、ふたりの娘さんがいる。現地の「ヤシの木幼稚園」に入れた初日に娘さんたちを迎えにいくと、全身真っ白になるほどベビーパウダーを振りかけられていて驚くところなどは非常にほほえましかった。

そう、タイの人はベビーパウダーが大好きで、スーパーなどでもよく売られている。1998年にきたときも、今回も、ろくに使い道もないくせに、私は喜々として土産にベビーパウダーを何個も買って帰った。

〈コラム3〉

日本映画のDVDとVCD

DVDもいくつか買った。ほとんどの商品は基本的にリージョンフリーなので、日本でも観ることができる。まず買ったのは蒼井優などが出演している邦画「フラガール」と「the nativity story」(日本では「マリア」というタイトルで公開)の2本セット(15バーツ)。タイで「フラガール」を買うというのもなかなかオツなものだ。TSUTAYAもあったので探索しにいくと、1968年製作「妖怪大戦争」のVCD(ビデオCD)が99バーツで売っていた。もちろん購入する。「名探偵コナン」のVCDも同じく99バーツでゲット。2009年前後には、この「VCD」がアジア諸国全般に広く普及していた。

〈コラム4〉

日泰の深い関係

日本とタイの関係は古い。17世紀に栄えたアユタヤの日本人町や、その頭領であった山田長政などは歴史上とても有名である。私もはじめてタイを訪れたときは、アユタヤの日本人町跡地に足を運んだ。

明治維新後、アジア諸国のなかで日本ともっとも早く修好条約を結んだ国がタイであることをご存じだろうか。1887年「日タイ修好宣言」により正式に国交が開かれた。ちなみに、この時代のタイ国王はラマ5世チュラロンコン。タイの近代化に大きく寄与した人物で、本文中で触れたように大学の名前にも冠されており、タイでは「大王」として記憶されている。同時期の明治天皇と比較されることが多いそうだ。ちなみにタイの王室は当時から日本の皇室と関係が深い。そのあたりのことは三島由紀夫の『豊饒の海』(第3巻・暁の寺)を読むとよくわかる。

太平洋戦争時もその良好な関係は続いた。1941年12月までタイは中立を表明していたが、日本軍のタイ上陸を目前にその駐留を認め、日タイ攻守同盟条約に調印、日本軍の物資調達に協力し、部隊が駐留することとなった。さらに翌42年1月、タイは英米両国に宣戦布告した。ただし戦局の悪化とともにタイの態度は微妙になっていき、43年に日本が大東亜共栄圏の国家元首たちを招いた会議をタイの首相は欠席し、政治責任の生じない親王を派遣した。

日本の敗戦後、タイはただちに英米への宣戦布告は無効であったと宣言。イギリスは厳しい態度で臨もうとしたが、アメリカがそれに反対したことで敗戦国あつかいを免れた。

なお日本との国交再開は51年と早く、その後も友好関係は続き、現在両国の経済的な結びつきが大いに密接になっていることは周知の通りである。

これだけ深い交流の歴史があれば、お互いの国の食べ物が影響をあたえ合っていて不思議はない。東京でタイスキやタイカレーがふつうに食べられているように、バンコクでも日本料理や定食を当たり前に食べることができる。日本のオリジナルに近いものもあるが、生野菜が多用されていたりとタイ式にカスタマイズされているものも多く、日本食と現地食との融合度合いは、韓国や台湾などよりはるかに強いかもしれない。

香港うまうま定食ツアー

世界に冠たる香港の食文化において、日本の定食がどう位置付けられているか、また香港人の外食文化、定食文化のありのままの姿をこの舌で味わいながら観察すべく、わくわくしながら機上の人となった。横浜中華街をはじめ、香港の中華料理が日本に強く影響をあたえてきたこと、また日本の「食べ物」が今日、香港で想像以上に許容されている事実などに目を瞠る旅となった。

うごめくアジアの混沌《こんとん》に惹かれて――2011年夏

季節は夏。家族で旅行に出ようとすれば、娘たちの学校が休みの期間しか選択肢はない。ゴールデンウィークが過ぎたころからあれこれ計画を立てはじめ、今回の行き先は香港となった。私以外の家族は香港ディズニーランドに行きたいという宿願を温めており、それを叶える形の旅行である。もちろん香港なら有意義な定食研究もできるだろうから、私も大賛成だった。

春休みに行ったソウル旅行のときとは心境も変化していた。福島第一原発の汚染水や放射能、また節電に関する問題は変わっていないが、「明日避難すべきかどうか」という切迫した状況ではなくなってきた。良くも悪くも、この場所で私たちは暮らしを続けていくのだと腹をくくるような気持ち、とでもいったらいいだろうか。その意味では、気持ちもやや軽くなっていたように思う。

私にとっては前回訪れたのが1989年の春だから、22年ぶりということになる。同年6月4日にあの天安門事件が起きたのだった。

香港国際空港から旅行会社のバスで市内に出る。節電に慣れた日本からきたせいもあって、まばゆい電飾やネオンにはやはり圧倒される。街並みには新しい香港と古い香港が混在していてよい雰囲気だ。ちなみに今回のツアーで指定されていたホテルは、尖沙咀《チムサーチョイ》のハイアットリージェンシーで、けっこういいホテルだ。中層階（8階）には屋外プールもあり、滞在中には何度か子どもと遊ぶこととなった。香港の高層ビルたちに囲まれて、青い空を見上げながら泳ぐのもなかなかいいものだ。脳内には大滝詠一「夏のペーパーバック」が流れていた。

初日は観光の予定も入っていなかったので、午後にチェックインした後、あたりをふらふら歩いてみることにする。恐ろしく汚れた年代物の高層ビルと新しいビル、大きな道路と細い路地が入り組んでいるのが香港のステキなところだ。漢字、

英語の看板とともに、日本語の看板も非常に多く、アジア諸国のなかでも日本語を目にする比率は格段に高い。

そのなかでもひと際目を引いたのが〈日本城〉という黄色い看板だ。英語でJAPAN HOMECENTERと併記してある。吸い寄せられるようにして家族4人で地下の店舗へ入ってみると、そこは日本商品中心の雑貨屋だった。日本製の洗剤やら台所用品などを買ってもしかたがないので、そそくさと退散。しかし、それにしても「城」というネーミングはすごいよね（香港のネーミングのスゴさは、この後もいろいろと実感することになる）。

チョンキンマンション的なる場所

ハイアットリージェンシーホテルはネイザンロードからちょっと入ったところにある。ネイザンロードに出るにはいくつかのルートがあるが、汚い路地を通っていく方法もあり、私はひとりで行くときはそのルートをとった。ひとつの目的地をめざすのに複数のルートを選ぶことができるあたりは、いかにも混沌《こんとん》の街、香港である。

通りに出たところにあるのが重慶大厦（チョンキンマンション）だ。ああ、CKB（クレイジーケンバンド）の「混沌料理」でも歌われている場所だ。これ、名曲です。同じく「香港グランプリ」も香港にいる間、わりと脳内に流れていたなあ。

この写真を見ているだけでまた香港に行きたくなるなあ

チョンキンマンションの上層階は、安宿として旅行者には有名だが、この時期に改装され、きれいになったと聞いた。ビルの中に複数のゲストハウスがあり、その昔は共同便所+雑居房的な恐ろしい宿もあったらしい。今はそれなりにきれいでテレビ、シャワー、エアコンも完備したゲストハウスも多いそうだ。昔から多くの旅人が旅行記に記しているので、前からその存在は知っていた（クーロン黒沢著『香港電脳オタクマーケット』にもチョンキンマンションのことは詳しいです）。

ちなみに1階は両替所とインド人の店が多いようだ。香港にいる間に何度か両替をしたが、いろいろ調べてもこのチョンキンマンションがもっとも換金率がよかったので何度も利用した（それ以外にも何度も別の用事で行くことになる）。最初は家族とともに中に入ったが、まがまがしく猥雑な雰囲気に気圧《けお》されたのか、女子たちは一度で「ここはいいや」と言いだした。私も最初はちょっとおっかなびっくりだったが、何度も行っているうちに、その怪しい雰囲気が、日頃好んでよく行くようなポイントと共通点が多いことに気がついて、妙な居心地のよさを覚えるようになった（治安的な「危なさ」はほとんど感じなかったことを付け加えておく）。たとえば、中野のブロードウェイ。低層階に店があり、上に住居があるところも似ているが（もっともブロードウェイは高級マンションだが）、むしろ、いろんな人がいろんな目的のもとに集まっている点で大きく似ている。得も言われぬ熱気の具合もしかり。

インド人向けのＡＶ（オーディオ・ビジュアルのほうです）ショップなどもあり、その筋のコミュニティを形成しているところも、まんだらけなどサブカルチャーの店が多く、おたくのコミュニティであるブロードウェイと似ているよね。

同様の雰囲気は、大阪でなら梅田駅そばの阪急東通商店街かな。ああ、あそこにもまんだらけがあったな。末広書店があるころはもっとよかったが。あと、横浜イセザキのオデオンビルに先生堂古書店があったときも風情が似ていた。台北《タイペイ》の光華商場（現光華数位新天地）もそう。つまり、世界各地にチョンキンマンション的な場所はあるわけで、私としては今後もそういう場所をつねに探し訪ねたいものである。まあ、もっとも私の行動パターンからして、何があっても結局はそのような場所に行き着くのだがね。

香港目線でつくられたラーメンとカレー

ハイアットリージェンシーホテルは複合ビルの中にあり、K11というSC《ショッピングセンター》がビルの一角を占めている。アートスペースも兼ねていて、キャラクターのオブジェなどが配置されており、六本木ヒルズの小型版みたいな感じだ。まあ、これが「今の香港」の一側面なのだろう。それを見学しつつ、地下2階まで降りると、食事スポットが視界にいっぱい広がっていた。（よし！）心の中で小さくガッツポーズをとり、家族と相談してここで夕食を食べることにする。

どこに入ろうかといろいろと眺めていると、魅力的な店が多い。なかでも〈m·i·s·o·c·o·o〉

という店は日本式のラーメンと弁当の店ということでおもしろそうだ（店の看板にｒａｍｅｎ・ｂｅｎｔｏとあった）。「現在」の日本の定食がここではブランド化しているわけだ。子どもに聞くと、「唐揚げラーメンを食べてもいい」と仰せになるので入店する。「イラッシャイマセ～」と日本語で歓待してくれた。エビフライカレーライスのようなものがあったので、私はそれにしよう。テーブルに着席すると当然のように水も出てくる。50香港ドル（以降、略して「ドル」と表記）の唐揚げラーメンをふたつ、エビフライカレーライス（のようなもの）は58ドル。サービス料が10％かかり、合計１７４ドル。香港ドルは１ドル＝10円強が相場（当時）なので、１８００円くらいか。まあ、オシャレな店で食べればこんなもんでしょうな。

入店したのは18時くらいだったが、だんだんと混んできて驚いた。地元で人気がある店なのだ。店員たちは日本語のＴシャツを着ている。まずはカレーが登場。これがなかなかに定食的な一品で、お皿にポーションされたライス（トッピングとしてゴマ付き）＋カレーに、赤ピーマン、青ピーマン、黄ピーマン、そしてブロッコリー。カレールーの中には大きなジャガイモ、ニンジン、そして細長い白身魚のフライ（エビではなかった）。続けて子どもたちの頼んだ唐揚げラーメンも着丼。唐揚げは別皿で用意されていた。

ではカレーから食べよう。ルーが辛いな。日本のカレーの延長線上の辛さではなく、なんだか唐辛子のような鋭い辛さだ。まずくはないが。ニンジンとジャガイモはよく煮込まれている。ピーマンはやや生に近い感じで、彩りをよくするために存在しているようだ。次に魚フライを。

香港で組み立てられた「日本的」なカレー

これはよく揚がっている。さすがは中華油帝国・香港だけのことはある。中にはチーズが入っていて、とても凝ったつくりになっている。うーむ。正しいメニューはチーズ入り魚フライカレーライスだったのだ。

子どもの食べているラーメンも少しもらう。具はコーン、モヤシ、青梗菜、そして味玉。味玉が半熟でこれがなんだか中国的というか、香港的な気もするな。スープは白いがとんこつっぽくはなく、ミルクのような感じ。麺はシコシコ細麺。まさにラーメンだ。この店、よく見るとメニューに「北海道」や「九州」という文字が踊っている。外国人、いや香港の人から見た日本食という感じなのだろう。店のマークやお皿に記されたキャラクターもかわいく、そんなところもどこか「日本的」だ。

メニューの中の「日式小食」と書かれたページを見ると、あさり味噌汁16ドル、茹で卵12ドル、バターコーン炒め16ドル、特選牛肉トマトラーメン49ドル、ごはん物では天丼58ドル、北海道帆立と玉子丼58ドル、鮭親子の醤油丼85ドル、デザートでは北海道ヨーグルトアイスクリーム28ドル（「トッピングが選べます」と記してあるのがよかった）という感じで、現地の好みがよくわかる。

これらはつまり、さまざまな「日本」を香港の人たちの舌に合わせて再度組み直してつくり上げた、香港から見た「日本」なのだと思いつつ、ふたたび辛いカレーを口に運んだのであった。

夜食の煎蛋牛肉飯とマンゴープリン

食後あたりの街をふらふらしてから、なぜか〈マクドナルド〉に入ることになり、なぜか子どもたちはハッピーセットを食べたりして（いつものパターンだが）、21時半くらいにホテルの部屋に戻る。

30分ほどくつろいでから、あらためてひとりホテルを出て尖沙咀《チムサーチョイ》をそぞろ歩く。それにしてもほとんどの店が開いていて、大変な賑わいぶりだ。アジアはどこも夜の活気がすごいけど、ここは際だって華やかな感じがするね。部屋にいる家族に何か買って帰ろうと思い、まず若い女の子たちが並んでいたマンゴー関係の店でマンゴープリンをふたつ買う。後で知ったが〈許留山〉という有名なスイーツ店だった。ひとつ15ドル。続いて、外でもりもりと蒸籠《せいろ》を蒸している店の前を通りかかった（〈朝黒點心専門店〉という店名）。どうやら簡単な丼を食べさせる店のようで、テイクアウトすると、12ドルから20ドルといったところらしい。こりゃいいや、何か買っていくこととしよう。メニューを見たところ、煎蛋牛肉飯というのが気になったのでこれを注文。すると蒸籠の中から蒸している料理を取り出して、手際よく弁当をこしらえてくれる。

ホテルに戻って取り出してみると、目玉焼きと平べったい練り物のようなものがごはんの上に乗っかり、醤油系のタレがかかっている。まず目玉焼きから食べると、やや半熟でとろりと黄身がごはんに流れ出てきた。いいねいいね。ちなみに

玉子がとってもいい仕事をしているお弁当

米粒は長いタイプで日本米ではない。でも玉子と醤油系タレのかかったごはんはとてもおいしい。さらにナゾの練り物だが、これは皮の中に牛肉のミンチと青菜が入ったシュウマイのような味わい。牛肉シュウマイ、目玉焼き乗っけごはんといったところだった。

飲茶《ヤムチャ》を食べ過ぎた観光デー

2日目だけは観光の予定が組み込まれていて、なおかつ3食付きだ。それほど期待はしていなかったが、結果としてはうれしく裏切られた香港グルメな一日となった。最近のツアーはどこもそうだが、いろんなパッケージツアーの合同となっているので、食事タイムには大所帯の旅行客グループはバラバラになることが多く、いつもぞろぞろと一緒というわけではない（章末コラム参照）。

ツアーの観光バスが向かったのは、ホテルからほど近い尖沙咀《チムサーチョイ》の南洋中心というビル地下にある〈百楽門〉という店。結婚式場のように広いフロアに、我々ツアー客たちが散らばって席に着く。ちょうど朝8時くらいだった。

ガイドによるとお粥や点心の食事だという。わりと昔からよくある「宴会場に押し込んでのありきたりの朝食」ってやつかなと思っていたら、意外にもこれが大当たり。

お粥はワンタンの皮を揚げたものなど複数の薬味が付き、濃厚な味わいかつさっぱりとし

中国東北部発祥の饅頭。最近は池袋の中国料理店でも食べられますね

た喉ごしでおいしいのだ。よく確認すると、なんとアワビのお粥ではないか。さらに、横浜中華街で私がいつも好んで食べるニラなどが入ったシンプルな香港焼きそば（麺がモソモソしているのでモガモガと食べる）、大根餅、饅頭《マントウ》（具の入っていないもの。これ大好き！　コンデンスミルクをつけて食べる）、ニラ餃子、牛肉シュウマイ（慈姑《クワイ》のシャキシャキ感覚がたまらん）、蝦腸粉（ライスクレープのエビ巻）と続き、まるで中華街の飲茶コースの復習をしているようなすばらしいラインナップであった。

いやはや、おいしくてびっくりでした。

香港島のアバディーン

朝食の後は観光用の船（サンパン）で香

港島に渡り、島の南側にある漁師町、香港仔《アバディーン》に向かった。水上生活者が多く住む場所として有名な観光スポットである。大学時代に友人たちときて立ち寄った香港名物の水上レストラン〈ジャンボ・キングダム〉も健在であった。あのとき〈ジャンボ〉で頼んだコースメニューはなんとも貧相な内容で、ボーイのサービスも投げやりだった。たしか前菜、天ぷら、炒め物、チャーハン、果物くらいで「え、もう終わり？」というほどの量だった。その後香港から広州まで鉄道で行き、桂林で川下りをしたな。香港の賑やかさに比べると広州の夜の闇の深さは怖いほどだった。あれ以来、広州へは行っていないが、テレビなどで見るかぎり、近年はまったく別の都市かと思うほど変貌したようだ。

ここアバディーンにも今や水上生活者はあまりいないらしく、海のまわりに高層マンションがにょきにょきと立ち並んでいるさまが印象的だった。

スタンレー（赤柱）で歴史を感じつつクッキーを買う

バスは赤柱ことスタンレーへと向かう。ステキな海岸が目を引くリゾートでたいへん美しいところだが、太平洋戦争時にもまた大事な場所であった。

香港攻略のため深圳《シンセン》に集結していた日本軍（酒井隆中将の第二十三軍）配下の第三十八師団が、まさに太平洋戦争開戦時の１９４１年12月８日、正午前後から国境を越えて九龍《クーロン》半島に進

海を見つめる姉12歳、妹8歳

撃を開始した。またたく間に英軍に勝利し、九龍半島を南下、18日夜には一斉に香港島へ敵前上陸、レパレス・ベイの激戦を経た後、12月25日に英軍は白旗を揚げたのであった。

孤立した英軍が最後まで抵抗を続けたのがここスタンレー（赤柱）だ。というのも日本軍の爆撃を免れ生き残っていた砲台がスタンレーにあったのだ。イギリスがつくった刑務所もこの地にあり、日本軍が香港を占領した41年以降は、イギリス軍人とイギリス総督府の職員を収容する場所となった。

さて、そんな歴史に思いを馳せつつも、ここで私がなすべきはクッキーを買うことだった。香港は小麦粉関係のお菓子がとてもおいしいが、クッキーも例外

噂のジェニーベーカリーのクッキー。うまいよ！

ではない。有名な店がこの近くにあると妻が情報を仕入れていた。それならばと、赤柱新町《スタンレー・ニューストリート》にあるそのクッキー屋〈ジェニーベーカリー〉を訪ねることにした。ものすごくシンプルなつくりの店舗内では、クッキー、ケーキ、その他にパイナップルジュースなどを売っていたが、缶入り（これがかわいい！）のクッキーを2箱買った。家族用と土産用ですね。ホテルでさっそく開けて食べてみると、サクサクとした食感がなんとも素朴で実直なおいしさ。森永のチョイスビスケットのおいしさをさらに突き詰めたような感じだ。これはミルクコーヒーと合うだろうなぁ。ちなみに、この〈ジェニーベーカリー〉は重慶マンションの中にもあり[※1]（ほら、またチョンキンマンション！）、あまりにおいしかったので、後日あらためてそちらへ3箱買いにいったほどだ。

※1 スタンレー、重慶マンションの店舗は尖沙咀および香港上環へ移転して営業中（2014年現在）

〈桃季〉のマンゴープリンに感動

昼ごはんは朝のように大会場で一斉にではなく、申し込んだツアーごとに異なった場所へ誘導される。我々は日航ホテルの1階にある〈桃季〉という飲茶《ヤムチャ》の店だった。かなり豪華なしつらえの店で、いわゆるパック旅行の集団食事とはずいぶんと雰囲気がちがう感じ。まず出てきたティーカップのお茶が非常においしい。テーブルの上には、〝グループツアーランチョン〟と記された品書きがあり、蝦餃《ハーカー》、叉焼包、豚焼売、粉粿《フンゲイ》（くずきりのようなもの）、春巻、葱油餅、上湯魚翅餃、楊州炒絲苗、凍香芒布甸とあった。

かくして、これらの料理がどんどん出てきた。最初は叉焼包つまりチャーシューマンだ。これはもう中華街でよく食べるタイプ。ちょっと甘いチャーシューがホカホカの饅頭の中に入っていてとてもおいしい。さらにゴマをまぶした饅頭、蝦餃つまりエビ餃子やシュウマイ、春巻などが出てくる。蝦餃子はプリプリのエビが入った熱々のおいしさ。シュウマイにはカニの卵が乗っていて、プチプチしてうまい。春巻は薄い皮がパリパリに揚がっていていてクリスピー！　さらに上湯魚翅餃はフカヒレ餃子スープで、上品な上湯に浮かぶ餃子の中にはフカヒレがぎっしりだ。割って食べると、目と舌にシアワセが広がる。揚州炒絲苗（揚州チャーハン）は店の人が取り分けてくれる。日本でいうところの五目チャーハンで、肉やネギや海老などさまざまな具が入っているのだが、これが食べてびっくり。しっとりとパラリの中間をいく絶妙な炒め加減。間違いなくハイレベルのチャーハンだ！

ここまでですでに超満腹となっていたが、最後にデザートがしずしずと登場。※2 凍香芒布甸つまりマンゴープリンですね。練乳をかけて食べる。なめらかかつ濃厚なマンゴープリンに、天にも昇らんばかりの気分になる。すばらしい！　妻や娘も目を見開いてスプーンを口に運び、最後のひと

練乳をかけて食べるマンゴープリン。気絶しそうなほどおいしい

匙まで残さずたいらげた。
家族一同、深く満足して昼食会場を後にしたのだった。

※2 ひょっとすると我々が日本人だったので、あえて粉粿や葱油餅は出てこなかったのかもしれない。葱油餅はネギ入りのパイというかパンというか、まあ香ばしくておいしい料理

黄大仙廟と〈AJI ICHIBAN〉

昼食後は九龍《クーロン》半島サイドに戻り、土産物屋などを連れまわされたのち、有名な道教のお寺、黄大仙廟を訪問する。道教のお寺というのは、外国人が東京にきたら浅草寺に行くのと同じようなもので観光気分が味わえてなかなかいいものがあるが、その途中にあった龍翔中心というS C《ショッピングセンター》がじつに楽しかった。

牛丼の〈吉野家〉や〈江川寿司〉などの和食系店舗をはじめ、「オバケのQ太郎」の弟、O次郎を思い起こさせるキャラクターがかわいい〈手作りの店〉というアイスクリーム屋などもおもしろかった。もしかしたら香港はシンガポールやタイ以上に、アジア諸国のなかでも「日本食」が浸透しているのではないかという気持ちが強まってくる。

そういえば、香港のいたるところにある〈優の良品 AJI ICHIBAN〉というお菓

香港の至るところにある「優の良品」。なんとも前のめりな二重言葉だね

子屋さんも目を引く。さまざまなお菓子の小袋や大袋が美しいレイアウトで陳列されているあたりがとても日本的なのだが、後で調べると経営は香港の企業である模様。これも「日本」がブランドとなっている証だろう。

　ということで、下の娘のために玉子型ケースに入ったお菓子セット（チョコボールのエンゼルマークを集めてもらえる「おもちゃのカンヅメ」のようなもの）を20ドルで購入。

　私はといえば、近くの広場で催されていた物産市でドライマンゴーやイカの珍味などをせっせと買ってしまうのだった（やっていることは御徒町の〈多慶屋〉に行ったときと同じ）。

ロイヤルガーデンホテルの高級中華でとどめ

昼があまりにもご馳走だったためおなかは全然空いていないが、今回のパックツアーには夕食も付いている。夕刻をまわったあたりでまたグループごとに分かれ、ディナーの場所へ向かうようだ。ガイドの案内によると、こんどはなんと我々家族だけで一グループとなり、ロイヤルガーデンホテルの中の〈東来順〉というレストランへ行くという。これがまた昼の〈桃季〉に拍車をかけた高級レストランであった。1903年に北京で創業した由緒正しいレストランの香港店とのこと。

笑顔で現れた物腰やわらかい店員に豪華な丸テーブルまで導かれ、4人そろってあたりをきょろきょろしながら着席すると、少し下がったところに、我々だけのためにサーブするらしい店員が3人も立っていた。ひえぇぇ。……いかん、まずは深呼吸をしよう。これはパックツアーに含まれたディナーなんだから、どんなに高級な料理が出てきても余計なお金はかからないんだ。落ち着け！

まず出てきたのは水晶羊肉（ゼリーマトン）、盬水鴨（鶏肉の冷製）、海蜇頭（くらげ）と拍黄瓜（キュウリの和え物）だ。ゼリーマトン以外は中華料理の基本的な前菜。鶏肉もくらげもキュウリも抜群においしかった。驚いたのはゼリーマトン。口の中に入れるとゼリーが溶けてスープとなり、味わい深い羊肉が舌の中に現れるのだった。

予想外の展開に唖然とする家族一同を尻目に涼しい顔の鶴

続いて出てきたのが雲彩中蝦球。エビと野菜の炒め物だ。もう何度でも記すけど、エビのレベルが高くて感動した。野菜の炒め方も絶妙。これはすばらしい。そしてスープとして宮廷酸辣湯《スーラータン》。日本でもすでに有名だが、酸っぱくて辛いスープである。満腹のおなかにもすっと入っていくなあ。続いての糖醋魚塊は揚げた白身魚に甘酢あんをかけたものだ。百年を超える歴史を刻んだ北京料理の名店ながら、親しみやすいおいしさ。おなかいっぱいだがおいしい。

そして次に運ばれてきたものにのけぞった。なんと大皿に鶴の細工物が！　娘たちもあっけにとられ口を開けて見つめている。いやあ、驚いた。たしかに中華料理では包丁細工を競う大皿が宴会料理などで出される、なんていうことは知識としては知っているけど、よもや自分の家族旅行の食卓に登場するとは思いもよらないことだ。鶴のまわりにはカニの形をしたゼリー、そして大根の上には何やら料理が乗っている。これを食べるのかな？　ええい、出されたからには食ってしまえ。パクリ。おお、これは深い味だ。カニ肉のローストと玉子炒めのようである（濃厚な玉子の和え物というべきか）。

しかし、いかんせんおなかがいっぱい過ぎて、このおいしさを100％受容できない。つらい。とてもつらい。それは家族も一緒のようだった。さらにこの後、東来順炒飯がやってきた。昼の炒飯に双璧するか、あるいはそれ以上にちょっとこってりした、おいしい炒飯だったがもう限界だ〜。ということで半分ほど残してしまった（持って帰ればよかったよ）。最後に鮮果拼盆すなわちフルーツまで出てきたけど……しっかり食べました、はい。

かくして店を後にする私たち満腹一家を、大きな鶴が円卓の上からじっと見送ってくれたのだった。

香港のエロDVD

前述した通り、個人的に香港は2回目。前回はネイザンロードにあったアンバサダーホテルに泊まり、アバディーンの海上レストラン〈ジャンボ・キングダム〉でものすごくおいしくない中華料理を食べた。今回の超グルメな家族旅行とは大ちがいであった。

あのときは道ばたでエロ雑誌が普通に売られている光景にびっくりしたものだが、それもなんだかとても街に溶け込んでいた。以来22年、はたしてようすはどうなっているだろうかと思い、ホテルに戻ってからひとり夜の街を歩いてみた。かつてより激しく高層ビルが林立し、大きな書店もいくつもあったが、相も変わらず路地裏や道ばたではエロ本を売っていた。以前と異なるのは、本よりもＤＶＤが幅をきかせていることだろうか。

重慶マンションの横の路地にも、やはりいい感じの道ばた書店が。この店で何かを記念に買っていこう。日本のエロ本も多いなあ。ＤＶＤも同じく日本の女優物がいくつもある。日韓共同ＡＶというのがあり、日本の朝河蘭と韓国の女優が出ているのが気になったのでこれを買おう。60ドル。めったに買うものでもないので路上販売ＡＶの相場観がつかめないのだが、まあこんなもんだろうか（しかも帰国後、結局見ないうちに紛失してしまう）。

それにしても、香港といえば一時期はエロ土産の伝統があったが（例のヌードボールペンとか）、そういうものも少なくなったなあと思うのであった。

〈大家楽〉で朝食をテイクアウト

ツアーメニュー上、３日目は終日フリーとなっているので、ディズニーランドで一日過ごすことにしていた。出かける前に朝食を食べておきたい。私が外に調達に出た。すっかり雰囲気が大好きになってしまった重慶マンションの中にある〈大家楽〉でテイクアウトすることにしよう。香港の有名なファストフードで、ものすごくメニューが多い。なんでも、香港の小中学校の給食事業まで手掛けているそうだ。

〈大家楽〉には大きく分けるとトースト系とお粥系の品がある。まず注文して代金を払い、伝票をもらってからカウンターで料理を受けとる。トーストとお粥で別々に分かれて並んで注文するスタイル。ちなみにお粥セットはだいたい20ドル前後、トーストのハムとチキンのセットも23ドルだったか。

かくしてホテルに戻り、みんなで朝食である。お粥にはとうもろこしの粒とぶつ切りの鶏肉が入っている。やや重たいお粥はいかにも滋養がありそうな舌触りで、じつにおいしい。付け合わせに大根餅が3つもあってボリュームも満点。香港では定番のミルクコーヒーもセットで付いて20ドルは安い。洋食セットのほうはトースト、チキン、プレスハムにやはりミルクコーヒー。トーストはサクリと焼き上がり、チキンもしっとりおいしい。なによりもプレスハムが昔懐かしい味でうれしかった。パン食に親しんだ子どもたちもパクパクとおいしそうに食べていた。

ディズニーランドは「食」より「遊び」

尖沙咀《チムサーチョイ》の駅から地下鉄ＭＴＲに乗って迪士尼《ディズニーランドリゾート》駅まで向かう。時間にして30〜40分くらいか。駅に降り立つと、舞浜やユニバーサルシティ駅にも通じる華やいだ感じ。

朝からいろいろなアトラクションに興じ（日本同様スペースマウンテンなどもある）、ライオンキングのショーを観たり、はたまたダッフィーのお土産(ダッフィーグッズは相当豊富だった）を買い込んだりと、それはもう忙しかった。まあ、日本のディズニーランドほど混んでいないのが救いだったけどね。ただ、なにせ真夏の8月の香港なので、暑くて水分ばかりとっていた。

食事に関しては、レストランに行けばセットメニューやアラカルトの中華料理も食べることはできるのだが、それらの店に入っている時間的余裕もなく、結局フランクフルトやミッキーの形をしたワッフルを屋台で食べたりして時は過ぎていった。ディズニーの「統制」によるのだろうが、ロッテワールドや台北《タイペイ》の遊園地にあったようなローカル色の強い食べ物はあまり置かれていないようだ。

なお、土産のお菓子類はほとんどが日本製で、それがある種の「ブランド」となっている点も興味深かった。

スーパーで見つけた巻き寿司2種

娘たちは丸一日ディズニーランドで遊びに遊び、4人でホテルに戻ってきたのはかなり遅い時間になってしまった。ちゃんとした夕食をとっていないので、何か買って部屋で食べようということになった。

妻と娘はホテルの部屋へ先に上がらせ、私だけホテルが入ったビルの地下にある〈マーケットプレイス〉という高級スーパーへ買い出しに。おっ、寿司がけっこうあるじゃん。こりゃいいやと思って売り場を見まわすと、残念ながら私の研究対象であるいなり寿司は置いていないようだ。玉子巻き（真ん中に玉子焼が入った細巻）とかっぱ巻きを購入。

部屋に戻ってから食べたところ、玉子巻きは、見た目から想像した通りの平和なおいしさ。かっぱ巻きは逆巻きになっていて、ゴマが振られており、どこかおしゃれな感じがする。アジアにかぎらず、海外では逆巻きが多いよね。

大衆中華料理店〈阿四快餐〉の巨大唐揚げ

ネイザンロードに併走する通りにはステキな雰囲気を醸し出している飲食店がとても多くて目移りしてしまう。家族4人分の夕食ということで、巻き寿司以外にも何かあればと歩いていると、〈阿四快餐〉という店の前で足が止まった。ここで牛肉飯でも買って帰ることにしようか。表でメニューを見るといろいろ種類があったが、黒胡椒牛肉飯に決定。朝、昼、夜で値段が変わるようで、夜は34ドル。くわえて子どもたちから所望されていた鶏ももの唐揚げを10ドルで買っていこう。入店すると正面にレジのお姉さんがいる。「テイクアウトOK?」とベタベタな英語で聞くとうなずいてくれたので注文し、先会計。お姉さんが「席に着いて待っていて」と言うのでそのようにする。レジの横はカウンターになっていて、奥の厨房からおばさんが料理を持ってきてそこに置いたり、大きなオーブンに入れて温めたりしている。出来上がると料理名を叫んで客を呼び出す。どの料理も山盛りでとてもおいしそうだ。こりゃたまらんな。

店内にはテレビも据え付けられていて、私が日本で愛してやまない定食屋や大衆中華料理店と同じ空気が流れている。クラシックなしつらえだが、ビシッと掃除が行き届いていて清潔なところも、よい定食屋の条件と一致する。ちなみに、この店にはラーメンもあるが、日本のインスタントラーメン「出前一丁」を使っているようだ。香港の人たちは出前一丁をとても愛しているからね。

かくして私の注文した品々がカウンターに現れ、こんどはおじさんがパッキングして渡してくれる。おお、鶏の唐揚げの袋から油がしみ出ていて、見るからにおいしそうだ。

ホテルに戻り、さっそく子どもたちと食べる。まず黒胡椒牛肉飯。これがじつに辛い。胡椒の辛さだけではなく、スーラータンのような酸味を伴った辛さもある。薄いステーキのような牛肉がどっさりと入っていて、ものすごくパワフル。子どもたちは辛さにギブアップのようだったが、大人にとっては辛くともこれはおいしい。米粒は細長いタイプだが、ベタつかずサクサク食べられていい。鶏の唐揚げは想像以上に巨大だった。カリカリに揚がっていて、じつにすばらしい。子どもたちも「おいしい！」と笑みを浮かべている。ホテルの部屋で食べてもおいしいけど、次回はあの活気ある店のなかでぜひとも食べたいものだ。間違いなく、もっともっとおいしく感じることだろうなあ。

パイナップルパンのバターサンド

4日目。今日は中環《セントラル》にでも行ってみようかと考えている。その前に朝ごはんだ。ネイザンロードの一本奥側を歩く。〈マカオレストラン〉というステキな店があり、どうしても入ってみたかったので家族に懸命なプレゼンをかけ、晴れて入店が叶ったのだった。店の表にエッグタルトとパイナップルパン（日本でいうメロンパン）が飾られていて、朝食のセットメニューが示されている。香港のレストランにはだいたい朝のセットがあるのだ。

4名席に案内され、着席して何にしようかと考える。やはりパイナップルパンセットは外せないだろう。25ドル。これは2人前だな。あとはポークチョップのサンドセットもいってみるか。28ドル。定食評論家としては本来ごはん系でいくべきところだが、抗しがたい魅力に押し切られて「出前一丁」もオーダーする。26ドル（260〜290円くらい）。インスタントラーメンにお金を払うなんて、と抵抗を覚えるのは日本人の感覚で、アジア諸国のレストランではわりとインスタントラーメンがよく出てくる。まあ、店でスパゲティを注文して、「市販の乾麺を使っているのか！」と怒りだす人があまりいないのと同じことでしょうね。

朝はすべてのメニューにコーヒーかティーが付いているので、子どもはティー、大人はコーヒーをもらう。まず水が出てくるが、これが温くてびっくりする。続けてほかほかのパイナップルパンが登場。ここ香港ではバターを挟んで食べる。テーブルの上に氷の入った小皿があり、その上にバターが置かれている。切れ目の入ったメロンパンのなかにバターを入れ、上から押しつぶして食べる。少しかじるとたしかに香ばしくておいしい。

冷たいバターをホカホカのメロンパンに
挟んでつぶせばトロリと美味

ちなみに、コーヒーもティーも最初からたっぷりミルクが入っているのが香港式だ。

続いてポークサンドとスクランブルエッグのセットがやってきた。パンの間にポークチョップとタマネギが挟まれ、食べるとパンもサクリとしていて大変よい。スクランブルエッグ付きで28ドル（280円〜300円）なら、毎日食べたいと思った。

そして待望の出前一丁が登場。麺の上には懐かしの赤いハムと茹で玉子、そしてトロリとしたワカメのようなものが乗っている。食べるとたしかに出前一丁なのだが、麺の茹で方といい、つゆの濃さといい、じつに好もしい感じ。やはりインスタントでも気合いを入れてつくればおいしくなるのだなあ。

〈龍津美食〉の絞りたてマンゴジュース

ネイザンロードを西に一本道を入ったあたりは、芳ばしい雑食のオーラに満ちている。ある一角に、猛烈なジューサーの勢いで果物を粉砕、ジュースにして売っている店を発見した。新宿西口にある〈百果園〉にどことなく似てパワーみなぎる雰囲気だ。ただし、こちらの〈龍津美食〉では、生ジュースだけでなく魚の練り物を揚げたものやホルモンなども売っていて、意表をつく多角経営ぶりを見せている。

とりあえずマンゴージュースを試してみようか。7ドル。味こそやや薄めだが、体にすうっ

いつかは泊まってみたいものだ。歴史をつくった舞台だからね

と染みていくような喉ごしがステキだ。マンゴー特有の芳醇な甘みもたまらない。これも毎朝飲みたいなあと思う味だった。

伝統のペニンシュラホテルを眺める

ひと心地ついた後は、少しばかりあたりを散歩する。私たちが泊まっていたハイアットリージェンシーホテルのそば、ネイザンロードの西側にあるペニンシュラホテルに行ってみた。中には入らず外から眺める。

1928年に誕生したこのホテルは、太平洋戦争時の41年12月25日、英国軍無条件降伏時に調印式が行われた場所である。戦時下のため停電した冷たい336号室で蝋燭の光を頼りに行われた。この日をイギリス側は「ブラック・クリスマス」と呼んだ。

その後、同3階には、日本軍の戦闘司令室が置かれた（12月29日香港軍政庁）。日本の敗戦時に横浜のニューグランドホテルがマッカーサーの宿舎兼司令室となったように、名門ホテルは戦時下、しばしば重要な軍の拠点となった。

ちなみに日本軍の香港占領時代、ペニンシュラホテルは「東亜ホテル」と名前を変え、日本人の手によって42年4月から営業がなされたそうだ。洒落たスナックバーは閉鎖され、かわりに天ぷら屋が開店したという。

中環《セントラル》の歴史――香港軍票

地下鉄に乗って香港島の中環にやってきた。尖沙咀《チムサーチョイ》からだと2駅、6分で着いてしまう。このあたりはスターフェリーの発着場があったりして、なかなか風情がある。

1942年2月20日、日本軍は中環にある中国上海銀行を接収して香港占領地総督部を置いた。ここに、正式に香港軍政が実施されたのであった。

銀行という観点から話を広げてみると、日本の香港軍政のなかで現代にまで禍根を残しているのが香港軍票の問題である。日本軍政下の香港では、軍票を恒久通貨のような形で通用させ、香港市民には所持している香港ドルを軍票に交換するよう促していた。

軍票は41年末から流通しはじめ、軍政の本格化とともに香港に進出した台湾銀行や横浜正金銀行など軍票交換所に指定された場所で香港市民の香港ドルとの交換が進められた。当初は軍票1円に対して2香港ドルだったが、42年7月24日より4香港ドルに切り下げられ、さらに43年7月24日より、総督令として市場での香港ドルの取引禁止、軍票への全面交換が義務づけられたのであった。結果として多くの香港市民が手持ちの香港ドルを軍票と交換したが、その2年後日本の敗戦によって軍票は無効となり、その補償に対する問題がずっと継続しているのである。

この2011年夏の時点で、香港で私が感じたことは、同年春にソウルで感じたのと同様、「日本は震災で大変だろうけどがんばってほしい」という人々の思いやりだった。ツアーガイドのおじさんも「節電で日本は大変だね」とやさしく声をかけてくれた。

また、ホテルでテレビを見ていると「日本産の食品の安全性問題」もかなりの頻度で取り上げられていた。それほど日本の食品はすでに香港で浸透しているのである。

ただ、そうした食文化の浸透も戦後の高度経済成長と歩調を合わせた日本企業の進出によるもので、それ以前には先の軍票問題や、はたまた多くの香港の人々を苦しめた占領時代の圧政があったことも知っておかねばなるまい。

〈美心MX〉でまたしても出前一丁

しばらく中環《セントラル》をぐるぐる歩いていると、なんだか女性たちが群れている一角に出くわした。フィリピンからの出稼ぎ女性による何かの大会らしい（集まっている目的はよくわからなかった）。そのすぐ近くにやたらと混んでいるファストフードの店があった。〈ジョリビー〉というフィリピンの店で、ぜひ入ってみたかったが、とにかく店内までフィリピン女性にほぼ占領されており立錐の余地もないので、残念ながらあきらめた（翌年ハワイでリベンジし、この店には何度か入った）。

もう少し歩いていくと〈アリアス〉というエッグタルトの店があった。タルトの横にはエッグケーキが並び13ドルで売られている。日本でいうベビーカステラで、ここ香港ではひとつひとつの玉が分かれておらず、くっついて1枚のシートの

ベビーカステラが分かれずシート状になったままのバージョン

肉は想像通りのおいしさだけど、野菜は超ワイルド系

ようになっているな。おいしそうなのでエッグタルトとエッグケーキを両方注文して、エッグケーキを子どもと食べてみる。「パパ、これおいしいね！」間髪をいれず上の娘が言う。たしかに玉子の味が濃くてすばらしい味だ。香港は本当に小麦粉の食べ物のレベルが高い。

エッグタルトはホテルの部屋で食べることにして、目の前にある〈美心MX〉というファストフード的な食堂で昼ごはんを食べていくとしよう。ショーウインドウに焼いた肉が吊るしていてあり、じつに香港的だ。よし、まずはこれを乗っけたごはんだな。メニューを見るとスープや小皿も付く定食仕様で言うことなし。子どもたちに何を食べるかと尋ねると「ラーメン」との返答。となると、出てくるのはやはり出前一丁かな。

店の入口のあたりで注文してお金を払い、引換券を受け取る。料理ができると電光掲示板に引換券の番号が表示されるシステムだ。麺と飯はそれぞれ別のところから出てくる。注文のしかたを間違えたのか、ラーメンには大きなソーセージが2本と青菜も入っていた。さらに目玉焼きも乗っていて「ああ、こういう具もありだな」という感じ。食べると〈マカオレストラン〉よりやや味が薄い気もするが、麺の茹で方は絶妙。

続けて、ガラス越しに吊されていた肉を乗っけたチャーシュー丼。スープと空芯菜の炒め物が別皿で付いていて、見た目の満足度は高い。まずはスープから。鶏肉、春雨、玉子の具でスーラー系かと思ったら意外とマイルドな味だ。空芯菜炒めはタレがかかっており繊維質の歯ごたえも充分で、いかにも野菜を食べているなという気になる。横浜の中華街だともう少し繊細な味だが、こちらは野性的だ。これが、さらに内陸部で食べると、野菜どころか野草を食べている感じになってくるのが中国という国の奥深さである。これはちょっと残そう。チャーシュー丼にはインゲンが乗っていて、肉は蜂蜜味の正しい香港チャーシュー。おいしい。さすが香港だなと思ったのだった。

〈香港中環聘珍樓〉を訪ねる

ここ中環《セントラル》にはどうしても訪ねたい場所があった。当時、神奈川新聞で「中華街ホイホイ」という連載を持っており、その取材も兼ねて中環にある〈聘珍樓〉にはぜひ行きたかったのだ。（正式には〈香港中環聘珍樓〉）。さいわい中環はいろいろ買い物も楽しめるスポットなので、妻と上の娘に「少しだけ別行動にして、買い物をしていてほしいんだけど」と懇願する。「しかたがないわねえ」と渋々承諾してもらい、下の娘とふたりで〈聘珍樓〉をめざす。

2日目でも記したけれど、香港の中華料理の味は横浜中華街ととても似ている。というのも、横浜中華街のお店はもともと香港経由、台湾経由のものが多いのだ。いずれにしても、香港は間違いなく中華料理のメジャーリーグだ。そのメジャーリーグたる香港に、横浜中華の老舗〈聘珍樓〉は何店舗も出店している。日本人観光客より、むしろ味に厳しい香港人を相手にしているので、香港の〈聘珍樓〉は非常にレベルが高いと聞いていた。つまり、メジャーリーグでしっかり活躍しているわけだ。

本来ならば店で食べたかったのだけど、買い物でどのくらい時間を潰してもらえるかもわからなかったので、チャーシューを60ドルでテイクアウトした。当然だけど、うまかったなあ（このときの話は『土曜の昼は中華街』［神奈川新聞］に詳しいです）。

フードコートで〈味千ラーメン〉と釜飯

妻たちの買い物はまったく収穫がなかったらしく、雲行きが怪しくなりそうだったので、「とりあえず帰ろうか」と足早に地下鉄に乗ってホテルに戻った。ちょっと休憩してから子どもとプールで泳いだりしていると、もう夕方だ。

こんどはネイザンロードの東側へ出かける。ハーバーシティなどのショッピングセンターで妻たちは先ほどの買い物のリベンジだ。妻と娘たちが鋭く商品群に視線を走らせつつ雑貨などを購入するのを、おっさんたる私は横でぼーっと見ていましたよ。女子が買い物をしている横でぼーっとする技術は、歳を重ねるほどあきらかに卓越してくるな（笑）。いずれにしても、ようやく機嫌も戻ってきたようで、よかった〜。

長く長く感じられた時間の果て、ようやくとっぷりと日も暮れた。さあ、食事だ食事。SC《ショッピングセンター》にいて食事をしようとなったら、やはりフードコートがお約束だろう。

アジア各国で広まっているフードコートだが、食の帝国香港も例外ではない。ネイザンロードの海側、廣東道にあるシルバーコート、その地下にあるのが〈フードリパブリック〉というフードコート。シンガポールに拠点があり、香港にはすでに5店舗あるそうだ（2011年現在）。各フードコートでテーマが異なり、ここは往年の香港の街並みを再現している。

入っている店舗を見ると点心から台湾の鉄板焼までいろいろあったが、日本の外食もけっこう多い。中華系にしてもよかったが、子どもたちはラーメンがいいと言う。また麺類かよ……。わかったわかった。ならば香港で一大帝国を築いている〈味千ラーメン〉がいいだろう。メニューを見ると、セットがかなり充実している。ラーメン38ドルに餃子3個が付いて＋8ドル、飲み物を付けて＋10ドルの合計56ドルを支払う。日本円で560円から600円くらいだから、まあ良心的だ。

本来ならごはんも、ということになるが、香港は粉物文化のほうがやや勝っているので、なかなかごはん系を付けることができない。そんなことを考えながらフードコートを見まわすと、〈東京かまめし KAMADEN〉という店があった。おっ、釜飯を海外で食べられるとは思わなかったな、これにしよう。すき焼きとのセットで30ドルとはかなり安い。こんな値段でいいのだろうかと余計な心配をしながら注文、しばし待つ。

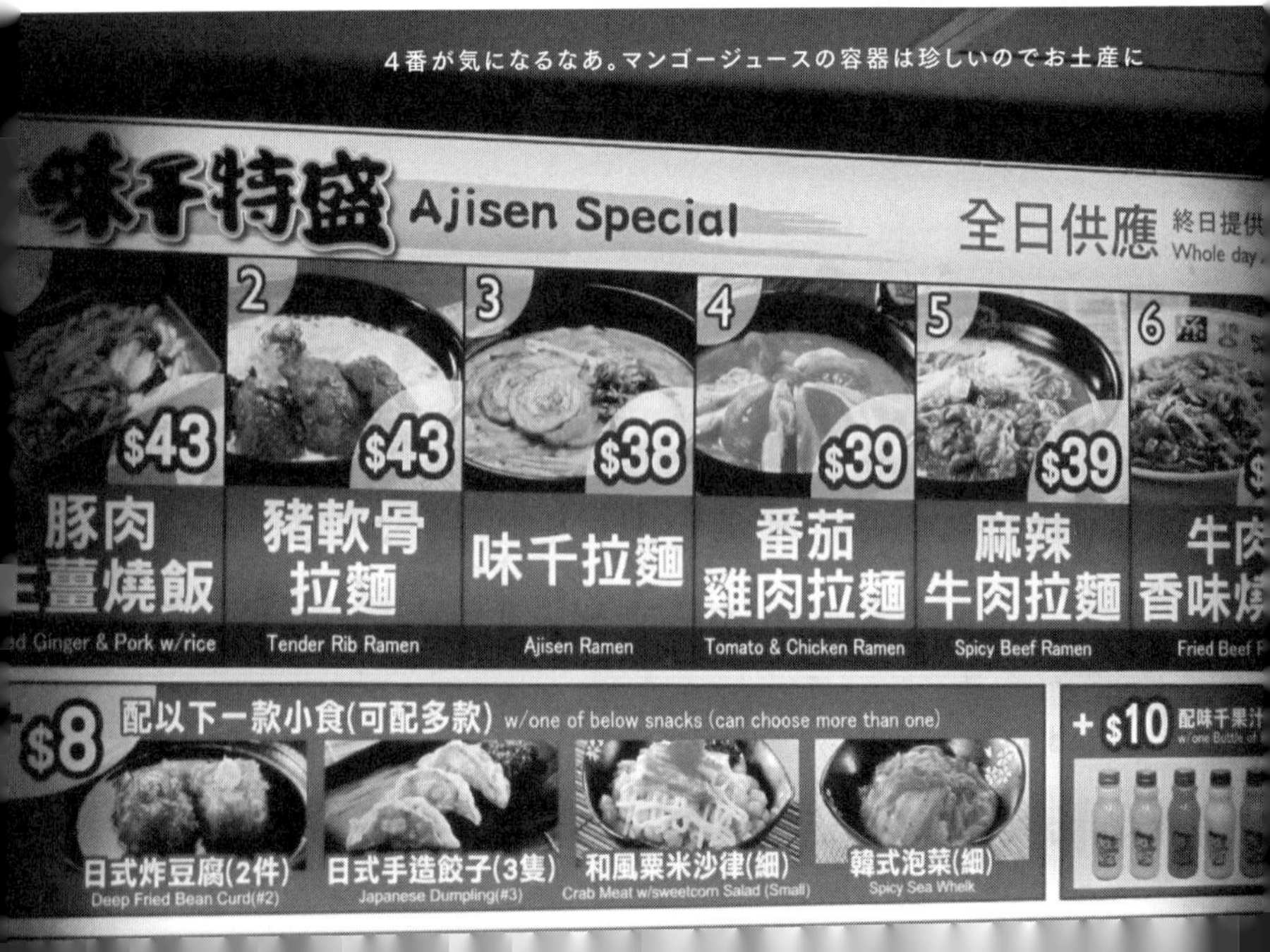

4番が気になるなあ。マンゴージュースの容器は珍しいのでお土産に

使い込まれた釜の佇まいに胸アツ

まずは〈味千ラーメン〉のラーメンが出来上がってきた。ジュースはオレンジ他いろいろ選べたが、香港らしくマンゴーにした。韓国や日本のフードコートとちがい、ここには無料提供の水がなく、メニューにジュースや飲料が付いている必要があるのだ。

続いて釜飯も炊きあがった。ああ、本当に日本の釜飯セットと変わらないよ。

まずは子どもたちが頼んだラーメン。味千らしい熊本トンコツスープに、麺は硬めのストレートだ。香港では出前一丁が一大勢力を誇っているから、逆に正攻法で戦わなかったのが成功の秘訣かもしれない。具はキクラゲ、ネギ、モヤシ、そして味玉、チャーシューもたっぷりと入っている。餃子に関しては、他にも専門店があったけど、〈味千ラーメン〉の餃子はまさに日本の味で、にわかに懐かしさがこみ上げてきた。

少しだけ味見させてもらい子どもに返してから、こんどは釜飯にトライ。受け取りカウンターで「熱いので食べるときには気をつけて」と注意を受けたのでそっと蓋を開ける。もわっと湯気が立ち上り、きのこの香りがぷんと漂う。青海苔、ゴマ、グリーンピースが彩りを添え、見た目もよい。しゃもじでお碗によそって食べると、味は薄めだがお焦げもあってなかなか。

セットのすき焼きはどうだろう。牛肉がたっぷり入り、白菜、豆腐が脇を固めたこちらも盤石の佇まいだ。スライスされた牛肉の薄さもまさにすき焼き的。海外で暮らす日本人の手記などを読むと、醤油は手に入るけれど、牛肉を薄く切る技術がないのでなかなか日本風のすき焼きは食べられないという話が多いが、このすき焼きは合格だな。ただし豆腐は日本のものとややちがう気がした。

ちなみにこの釜飯屋、注文のときに私が日本語でしゃべると店員たちがなぜかどよめいて、「アリガトウゴザイマシタ!」とみんなで言い合っているのがとてもおもしろかった。「おい、オレの日本語、日本人に通じたぜ!」と喜び合っている感じなのかな。店員さんは香港の人たちばかりのようだった。

日本の定食は海外、とくにアジアでは日本人の手を離れ、その土地の日常に受け入れられているのだなあと、またまた実感したのであった。

〈糖朝〉でスイーツを食べる

今回のツアーは、食事に関しては今までにないほど充実している。香港のデザートで有名な〈糖朝〉のデザートチケットまで付いていたのだ。明日は帰国の予定なので、今日中に使っておかなくてはもったいないな。最後の夜だし、まあ少しくらい遅い時間になってもいいかと、家族で〈糖朝〉をめざして歩きだした。

このあたりは夜家族で歩いていてもほとんど不安を感じない。夜に子連れで街を出歩けるのは治安も大丈夫ということで、シアワセな国の証拠だと思うな。

ということで、午後10時ごろお店に到着。人気店だけあってやっぱり混んでいる。少しだけ待って店内に案内され、ガイドさんから渡されていたチケットを使い、お決まりのマンゴープリン、豆腐花《トウファー》、タピオカミルク、ドリンクなどを注文。私は豆腐花を食べる。豆腐のデザートで、そんなに甘くないのがポイントだ。妻が食べたマンゴープリンは「豊かな味わい」でさすがにおいしかったそうだ。

〈糖朝〉は日本にも何店舗かある（かつては青山にもあった）。台北《タイペイ》の〈鼎泰豐《ディンタイフォン》〉もそうだけど、近年では日本にいながらにして本格的なアジアのいろいろな現地料理を食べられるようになってきた。シンガポールチキンライス（海南鶏飯《ハイナンチーハン》）なんかも一般化してきたよね。豆腐花はまだ

豆腐花は淡白でふわふわとした食感もよくおいしい

それほど一般化していないけど、マンゴープリンは日本でもかなり普及している。同じように、私たちの出前一丁も、ここ香港の人たちからとても愛されている。

食の世界は一方通行ではない。間違いなく双方向なのだ。そのことを深く感じながら、つるんと柔らかい豆腐花をレンゲで口に運ぶのであった。

「日本」の浸透20年史

日清食品が「出前一丁」を日本国内ではじめて販売したのは1968年だが、香港でも翌年から早くも販売が開始された。そもそもは香港の榮興という会社が代理店として輸入販売を開始したのだが、当時は地元資本が発売していた「公仔麵」というインスタントラーメンがシェアのトップだった。出前一丁は値段が高く当初は敬遠されていたが、営業が一軒一軒の店をまわり品質と味のよさをアピール。日本製という付加価値もあり、いつしか香港で一大ブランドになっていったという。84年には日清香港支社ができ、85年には製造工場も建てられた。

ただ、80年代にはまだまだ日本文化に興味を持つ人は少なかった。星野博美著『転がる香港に苔は生えない』（文春文庫）によると（これ、すごくいい本です）、著者は86年当時香港の中文大学に留学していたが、同大学の学生の視線は、アメリカ、イギリス、カナダ、オーストラリアに向いていた。それは移民の可能性を想定した選択でもあったという。それが90年代になると香港自身の経済成長にともない、状況が変わった。『転がる〜』で星野氏の友人、文道は次のように語っている。

香港のお店で食べるとうまさも増す出前一丁

「……この10年間に香港は経済成長を遂げて、人々の生活にも余裕が出てきた。消費活動が一種の娯楽になったんだ。いいものを着て、いいものを食べ、いいものを持ちたい。その欲求にぴったりあてはまったのが日本だった。その対象はアメリカやイギリスじゃダメなんだ。あまりにかけ離れているから。日本人は背格好も似ているし、環境だって似ている。ちょっと手を伸ばせば届きそうな感じがする。その感覚が香港人にとっては魅力なんだよね……」

さらに、80年代はアメリカやカナダで勉強した人間が文化の担い手だったが、それも変化していった。

「……でも90年代に入ると、小さいころから家にテレビがあって、テレビで毎日毎日日本の番組を見て育った人間がマスコミでも主流になった。僕らは日本に行ったことがなくても、日本はもう日常生活の一部なんだ。そういう人間が雑誌やテレビ番組を作る時、当然自分が吸収した日本文化を踏襲することになる。最近香港が急に日本化したように見えるのは、そういう背景があると思う」

なるほど。香港サイドにまずそのような「受け手」の変容があり、それを前提として90年代以降に、日本の外食産業の進出が本格化したのだ。具体的には、95年～96年に〈元気寿司〉と〈味千ラーメン〉が現地の回転寿司およびラーメンのブームを牽引し、2001年には〈居食屋 和民〉の進出により日本食レストランが注目を浴び、04年には現地の〈板前寿司〉グループが大躍進を遂げたことで寿司市場がさらに成熟した。21世紀以降は〈大戸屋〉〈CoCO壱番屋〉〈サイゼリヤ〉などが続々と進出し、現在に至るのであった。

つまり、11年現在、我々が香港で強く感じる「日本」とは、90年代に変容した香港という地面の上に20年ほどの時間をかけて堆積した、いわば地層のようなものなのだろう。

スーパーで出前一丁をお土産に買う

4泊5日の旅も、あっというまに最終日を迎えた。

さて、土産物の仕上げをしなければいけない。何度か通ったホテルのそばの〈ウエルカム（恵康）スーパー〉にみんなで出かける。ソウルのような巨大スーパーは香港では見つけることはできないが、この〈ウエルカム〉はなかなかどうして品ぞろえがよいのだ。

チョコレートや玉子ケーキ、ミニプリン、そしてナッツ類を買うとともに、やはり欠かせないのが出前一丁（笑）。九州猪骨とかいろいろな味があったが、オーソドックスなものを買っておこう。5袋個入り特価で16・5ドルは安いね。ちなみに、香港に関してすばらしい著作を持つ山口文憲さんの『空腹の王子』（新潮文庫）によると、やはり山口さんも香港土産として「出前一丁」を〈セブンイレブン〉で購入されている。本書によると、出前一丁は「ちゅっ・ちん・やっ・てぃん」と読むそうだ。へえ。

ファミレス〈翠華レストラン〉で最後の朝食

香港にいくつかある〈翠華レストラン〉。泊まっていたホテルのそばにもあり、いわゆるファミリーレストランの雰囲気が色濃かったので、ファミレス研究家でもある私はじつは初日からたいへん気になっていた。買い物の後、ここで朝食を食べようと家族の了解をとり入店する。店はビルの中の2フロアを占めており、1階は満員だったので2階に案内される。ファミレスだけにメニューは豊富だ。家族でいろいろ頼んで食べることにした。

私はビーフン、妻はマカロニ、上の娘はアメリカン・ブレックファスト、下の子はコンデンスミルクが乗ったパンを食べることに決定。マカロニとビーフンにはコーヒーか紅茶が付いてくるのでコーヒーを注文し、さて、とテーブルの上を眺める。調味料があるほか、自立式の小型メニューもあり、日本のファミレスとまったく同じ雰囲気だ。店内には出勤前の朝ごはんタイムといった感じの人が多い。

かくして料理が登場。私のビーフンは高菜、エビ、鶏肉、そして干しエビが入っている。淡泊な味で朝に食べるにはちょうどよい感じ。さらに別皿にはパンも乗っていて、主食がそろい踏みである。妻のマカロニも同様にパンが付いている。マカロニは汁そばのようになっており、具としてハムとかまぼこが入っている。アメリカン・ブレックファストはオーソドックスにベーコン、ソーセージ、スクランブルエッグ、かぼちゃ、豆とパンだ。下の子の品は本当にパ

ビーフンは米でできているので、これも定食といえないことはない

ンにコンデンスミルクがかかっただけのものだった。しかし、今回はおいしかったせいか、ふたりともは私におすそ分けすらしてくれなかった。

私と妻の食事に付いてきたコーヒーはここでもミルク入り。テーブルの上にあるシュガーポットからどっさり砂糖を入れて飲むと、香港にいるんだなあという気分があらためて高まってくるのだった。※3

※3 ミルクティーや、ミルクコーヒーとミルクティーを合体した鴛鴦茶も試したかったなとちょっと後悔。関係ないけど、コーヒーなどに入れるポーションミルクが大きくて驚いた

香港空港にはいなり寿司がない！

ということで5日間の香港旅行もこれで

終わり。ホテルをチェックアウトしたらさっそく空港へと向かう。ツアーバスのシートに腰を沈めた瞬間、あっ、と思い出した。香港は食べるものが多すぎて、いなり寿司を買うのを忘れていた。香港にきてからまだ一度もお目にかかっていない。まあ、巨大化した香港国際空港のフードコートに行けば、なんとかなるだろう。最近の空港、とくにハブ空港の「街」化にはスゴいものがあるからな。

出国検査を終えてうろうろしていると、当たり前のようにフードコートに出くわした。地元のレストランや〈マクドナルド〉、とんかつの〈さぼてん〉はあるけど、いなりを置いていそうな寿司屋はなく、そのままゲートのほうに進んでいくと〈板長寿司〉があった。これもチェーン店だ。テイクアウトできたらと思って、「いなり寿司ありますか?」と尋ねると日本語がまるで通じない! 寿司はもう日本人のもとを離陸しているのだ。メニューを見せてもらうと、そもそもいなり寿司がない。そういえば〈ウエルカムスーパー〉をはじめとした市内のスーパーにもなかったな。訪れた時間が夜遅かったから売り切れたのかと思っていたが、ひょっとすると、食の帝国香港ではいなり寿司は人気がないのだろうか……。

最後の最後でもやもやした思いを抱えながら、搭乗ゲートへと進むのであった。

〈コラム〉

現代パック旅行についての考察

大人だけで旅行するのなら、エアチケットとホテルの手配さえしておけば、あとは行った先でなんとでもなるし、そのつど自由に動けるから楽だというのはたしかだろう。

しかし、往々にして「交通費+宿泊費」より「パック旅行」のほうが安く上がる場合が多いのも事実である。ましてや家族旅行となれば、たとえば現地到着後の安心できる送迎車は確保したい。自由時間は大事だけれど、子どもたちのためには最低限の観光もあったらいいなといった願望もある。そのような必要条件を最近の「パック旅行」はかなり満たしてくれるようになっている。「毎日観光でびっしり」というパックもあるけれど、私たち一家が選んでいるようなフリー日程が多いパックも、容易に探すことができる。

パック旅行というと、「観光中の土産物屋巡りが多い」「食事がまずい」といった短所もかつては目立ったが、これについてもだいぶ改善されている。

ソウルは3回ともパックツアーだったが、たしか土産物屋は、各回とも帰りに空港まで送ってもらう途中で1回寄った程度で、ガイドのお姉さんにも「ぜひ買ってくれ!」という感じはまったくなく、それどころか「こんな高いもの、誰も買いませんよねえ~」と、こちらに同調してくれているのがおかしかった。家族で行った最初のソウル旅行では韓国人ガイドのお姉さんが、買い物を強要するどころかさっさと土産物屋を切り上げ、空港でうちの子どもたちに「お姉さんがプレゼントあげる！」と、お菓子のいっぱい入った大きな袋をくれたのだった。それも、どうやらお姉さんの自腹っぽかった。当然、子どもたちをはじめ家族全員で深く感動して、韓国が大好きになった。

香港では頻々と土産物屋に連れていかれたが、私たちがひとつも買わなくてもガイドさんは平然としていた。土産物屋からマージンを取るというパック旅行のシステム自体が、形を変えつつあるのだろうか。もっとも、年配の参加者の方々はやはり比較的土産物屋で購入していたようなので、システム自体の存続意義はある、ということなのだろうか。

パックの食事についても大きく変化している。端的にいって、昔と比べればずっとおいしい。とくに、本章で記した香港や前述の台北《タイペイ》で出てきた料理はじつにすばらしかった。結婚式と同じで、食事がまずいと後々まで旅の印象に汚点を残す。ゆえに旅行会社も、ある程度の予算を割くようになったのだろう。そのぶん、本章で記したようにいくつかのツアーを束ねて観光を行うなど、経費を削減しているのにちがいない。

ただ、食事のクオリティについては、やはりパック旅行の代金に比例するのは事実だ。今回出かけた香港ツアーはホテルがハイアットリージェンシーであることからもわかるように、我々家族としてはがんばって比較的高いパックを選択したのだった。

以上のことから総合して、家族で行く海外の旅ではパック旅行がおススメだと私は思う。選ぶ際のポイントは、フリーな日程がちゃんと含まれていることと、料理の質が落ちるので、あまりパック代はケチらないほうがいいということだろうか。

沖縄つれづれ定食ツアー

沖縄はあらゆる文化の「境界」である。食べ物も例外ではない。琉球王国以来の独自の食文化、日本の定食文化、そして中国の影響、はたまた戦後アメリカの影響などを、それぞれの食べ物を通して随所に垣間見ることができる。まさにアジアにおける「定食の聖地」といった存在である。同じ国なのに、どこかがちがうこのすばらしい沖縄を家族で縦横に食べ尽くす。

アジア定食の聖地、ここにあり——2008年春

子どもたちの新学期を間近に控えた4月の第一週、わが家は沖縄へやってきた。アジアの定食を語るうえで絶対に避けて通れない、いや外すわけにはいかないのが沖縄だ。家族旅行と私の定食研究を兼ねた目的地として、期待のふくらむセレクトだった。

例によってパックツアーに申し込んだのだが、送迎バス付きで沖縄美《ちゅ》ら海水族館がコースに含まれていたのはポイントが高い。ふつうにこの水族館に行こうとすれば、レンタカーを借りて、ということになるからね。

さて、羽田から2時間ちょっとのフライトで那覇空港に到着したのは午前11時ごろ。空港まで迎えにくるツアーの出発まで時間があったので、到着ゲートのあたりを少し探索する。〈K'z〉というカレーとスパゲティの店があり、店頭では弁当を売っていた。弁当自体は東京で見るものとそんなに変わらないようだったが[※1]（後で調べると、じつはかなり独特なものだったらしい）、並んで売られているおにぎりが巨大でおもしろい。ポーク玉子が具になっているようだ。これは東京であまり見たことがないなあ。

ブルーシールアイス。実際には虹色でとてもきれい

さらにこの店では、ご当地名物〈ブルーシール〉のアイスクリームも売っている。〈ブルーシール〉とは、そもそも米軍基地で働くアメリカ人のために乳製品を供給する施設として、米国のフォーモスト社が1948年に現在のうるま市で創業したのがはじまりだ。63年から一般の人たちにも販売するようになり、76年に「フォーモスト・ブルーシール」と社名を変更した。アメリカには優れた酪農製品にあたえられるブルーリボン賞があり、この受賞商品に付けられるブルーシールにあやかって命名したという。まさに戦後の沖縄を彩ったアメリカ時代を象徴するアイスクリームなのである。

と、そのような歴史とはいっさい関係なく、子どもたちが「アイス食べたい！」と

連呼するので購入することにした。チョコレートやストロベリーなどオーソドックスなものに加えて、紅イモやサトウキビ（黒糖）などの沖縄フレーバーもある。娘たちはレインボーシャーベットという、パイン、ラズベリー、オレンジの色合いも美しい虹色のアイスを選んだ（値段は失念しました）。おお、きれいだな。ちょっと味見させてもらおうと思っていたら、相当おいしかったらしくあっというまになくなっていた（笑）。

食べ終えると頃よくツアーの集合時間となり、大型バスに乗り込んだ私たち家族4人は、昼食会場であるルネサンスリゾート沖縄へと向かった。着いてみると、かなりグレードの高そうなリゾートホテルである。ビーチサイドの〈セイルフィッシュカフェ〉でブッフェランチが待っていた。ローストビーフやらピザやらを4人してもりもりと食べる。

ブッフェの場合、偏食ぎみの子どもには都合がいいだろうと思っていると、意外にも食べられるものが少なくて困ってしまう、ということがこれまでしばしばあった（とくに娘たちが幼かったころは）。ところが、このブッフェにはスパゲティやその場でつくってくれるクレープなどもあったせいか、ふたりとも笑顔でパクついている。よかった、よかった。

食後、妻と私はホテルのビーチで波と戯れる子どもたちをのんびりと見守って過ごした。白い砂と青い空。

ああ、こりゃ完璧に南国リゾートにきた感じだぞ、といよいよ実感するのであった。

※1 基本的に沖縄の弁当はボリュームがある。ごはんはいっぱいに詰められ、おかずはランチョンミートや天ぷらなどの脂ギッシュ系が多い反面、ひじきなどの煮物もしっかり入っているそうだ

懐かしき〈どん亭〉との再会

リゾートの雰囲気を味わったあとはバスで琉球村へ。沖縄の古い民家を移築して古い町並みを再現しており、水牛を使ってサトウキビを絞っていたり、民家でお茶をふるまってくれたり

も沖縄らしい。ここでは子どもたちとかき氷を食べた。4月にかき氷というのがいかにも沖縄らしい。おお、ブルーシールアイスも売っているな。

続けて首里城へ向かう。沖縄戦で被害を受けたが、1992年に再現されたそうだ。観光地ならではのベタな家族写真をいっぱい撮ることができた。いろんなところへ旅行に行っているけど、家族4人がそろった写真を撮る機会は意外と少ないものだ。ここぞとばかりに撮りまくる。

売店では定番の「ちんすこう」を売っている。いろんな種類があるんだね。ただ、個人的には同じ売り場にあった「かめせん」のほうが気になった。亀の甲せんべいともいい、これも沖縄名物なのだ。早い話が揚げせんべい。醤油味と塩味があるが、とりあえず醤油味を買い、帰りのバスのなかでぼりぼり食べていると、次第に那覇市の中心部に近づいてきた。

車窓からふと外を見ると、なんと〈どん亭〉があるじゃないか。昔横浜の白楽に住んでいたころよく通った牛丼屋だ。牛丼はもちろんだが、ここのカツカレーがおいしくてよく食べていた。付いてくる味噌汁もなかなか味わい深く、定食好きとしてはうれしい店だった。たしか、カツカレーと牛丼が合体したスゴいメニューもあったな。白楽店はなくなったが、川崎などにまだ店舗はある（高津店と新城店があり、高津店は訪れたことがある）。旅先でばったり旧友に会ったような気持ちになり、どうしても気になったので、ホテルにチェックインした後、単身行ってみた。沖縄そば（牛丼とのセットもあった）などのご当地メニューが目を引く。あっ、懐かしの「牛丼カツカレー」が「どん亭スペシャル」という名称でちゃんとあるじゃん！ 6

50円。うーん、食べたいぞ。しかし、ここで食べてしまうと夕食をたくさん食べられなくなるし、さすがに〈どん亭〉に家族を連れてきてディナーというわけにもいかないので、後ろ髪を引かれながら写真だけ撮って退散したのであった。

〈どん亭〉を運営する株式会社富士達の社長が与論島の出身らしく、それゆえの沖縄出店だとのこと。沖縄にはあと数店舗あるらしい。沖縄の人たちも私と同様にカツカレーや牛丼、そしてこのスペシャルを食べているのかと思うと、なんだか同志を見つけたような気持ちになる。ちなみに富士達は首都圏と沖縄で焼肉チェーン〈七輪焼肉 安安〉も展開している。

〈花笠食堂〉で「定食」を満喫する

繰り返しになるが、沖縄は定食評論家にとって聖地のような場所だ。魅惑的な定食屋、食堂がごまんとあり、本当なら半年間くらい滞在して調査に没頭したいところなのだが、今回は家族旅行を兼ねているというか、完全に家族旅行だから（笑）、寸暇を惜しみ、わずかな間隙を縫って定食文化の調査を鋭く行わねばならない。まあ、家族と行動することで、自分ひとりで動いていては見えない部分も見えてくるので、それはそれで意味があるのだ（と自分を納得させる）。

初日の観光も無事終了し、夕食からは自由行動だ。泊まるホテルは那覇市の目抜き通り、国際通り（県道39号線）にあるホテルロイヤルオリオン。〈どん亭〉から戻ると、ふたたび家族で外に出た。国際通りをひたすら歩いて三越をめざす。つねに車があまた行き交う大通りなのだが、通り沿いには小さな土産物屋がずらりと並んでいる。やはり内地よりも台北《タイペイ》なんかにどことなく近い雰囲気を感じるなあ。そういえば、こうして三越をめざす我々の行動パターンも台北を訪れたときと同じだ。

　さて三越の前にあるのが平和通り商店街。ここはアーケード商店街で、やはり土産物屋の比率がとても高く、輸入菓子やアメリカ雑貨の店が目につく。輸入菓子は今では珍しくもなくなったが、小袋入りのレーズンや日本ではあまり売っていない洗剤などを見つけると、やはり気分が上がる。さすが、一度アメリカ統治下に入った土地だけのことはある。プリングルスやM&Mチョコレートなどを少し買ってしまった。

　輸入菓子の店を出てしばらく歩いていると、黄

カッコいいなー、花笠食堂。ただしこれは誘い看板

色いショーケースに目がとまった。〝花笠食堂〟と大書してあり、さまざまなサンプルメニューがディスプレイされていて、とてもわかりやすい。京都にある名定食屋〈大銀〉を想起させるものがあった。ショーケースが置かれた角で横丁に折れると、すぐに実際の〈花笠食堂〉があった。サンプルは商店街を歩く客を呼び込むための誘い看板だったのだ。

店内に入るとテーブル席と座敷があり、座敷が空いていたのでそちらに座る。とりあえずAランチ、花笠ランチ、エビフライ定食にしようかな。家族4名でシェアすれば、3種類の定食を実食できるのだからお得だ。店員さんがやってきて、氷の入ったアイスティーを大きなグラスで出してくれる。このサービスは沖縄の定食屋ではポピュラーらしい。ちなみにアイスティーは加糖系が多いようだ。国際通りから近く、わりと有名な店なのだが、赤ちゃんを含めた子連れのママたちや、ひとりで夕食を食べているおじさん、サラリーマンのグループなども少なからずいて、この店が観光客相手だけではない地元の実力店であることが窺えた。

しばらく待つと、いよいよ3つの定食が登場。まずはAランチ（600円）だ。ちなみに、この「Aランチ」という名称は沖縄ではとてもポピュラーで、やはりアメリカの影響らしい（ランチなのに夜食べられるのもポイントだ）。この店のAランチは、ハンバーグ、骨付きチキン、ポーク、ミートスパ、キャベツ、ライス、そしてワカメ汁という陣構えである。ではまずハンバーグから。出来合いのものにはない肉々しい味。チキンはカラリと揚がっていて万人受けするオーソドックスなおいしさだ。ミートスパは洋食の付け合わせ的調和のとれたもので、パスタではなくあくまでも「スパ」。横浜・野毛の老舗洋食店〈センターグリル〉に近い味かもしれない。いわば戦後洋食の味。そういえば、〈センターグリル〉でも終日ランチが食べられたなあ。

話を戻そう。じつに沖縄らしいのがポークだ。ポークソテーでもポークジンジャーでもなく、アメリカのブランド「SPAM《スパム》」でも有名な缶詰のランチョンミートを厚めにスライスして衣を付けハードに揚げたものを指す。ウスターソースをどぼどぼかけて食べると、烈しくおかず力を発揮する。練り物を揚げると（たとえば、竹輪の磯辺揚げのように）非常においしくなり、さらにおかず力が高まるという法則と軌を一にしていると思う。

続いて花笠ランチにいってみよう。こちらはトンカツ、ハンバーグ、キャベツ、ミートスパ、ワカメ汁、ライス。トンカツの部分がちがうだけで、Aランチとほぼ同様の布陣。600円。トンカツの豚ロースは「厚い肉」とはいかないが、それなりに肉を食べた満足感を得られる仕上がりでとてもうまい。

エビフライ定食は1000円と、この食堂ではかなり高級なメニューだ。そのぶん、おかずもいろいろと付いてくる。メインのエビフライは皿の上に何尾もその身を横たえており、ボリューム満点。衣も厚いがエビも負けずに大きめで、なかなかおいしい。縦に包丁を入れ、団扇《うちわ》のように開いて揚げているところもユニークだね。タルタルソースもたっぷり。そして別皿には大根と昆布のおでん、麩《ふ》、キャベツ、ソーキ（骨付きスペアリブの煮込み）がこんもりと。大根はやや甘めに炊けていて、昆布はいかにも健康によさそうな感じ。驚いたのは麩だ。がんもどきのような歯ごたえと、どこかかまぼこのような味わいが後をひき、おかわりしたくなった。ソーキも味が染みていてうまい。さらに別皿でマグロの刺身と大根。すでに醤油がかかっているマグロはともかく、大根がいわゆる刺身のツマではなく、千切りに近い存在感を見せサラダでも食べているかのような気持ちになる。汁はいくつかの種類から選べたので「そば」にする。ネギと紅ショウガの入ったシンプルな沖縄そばだ。おいしくて一気に食べる。しまった！付け合わせのソーキを入れれば「ソーキそば」にもできたんだね。最後に、冷たいぜんざいをいただく（代わりに「もずく」も選べた）。おお、デザートとして有終の美を飾ることのできる実力者だな、これ。

それにしても、各定食とも種類、量ともにたいへん豊かだった。箸を置いて、家族4人で手を合わせ「ごちそうさま」と言ったとき、得も言われぬ多幸感に包まれた。さすがは定食の聖地沖縄だと、静かな感動がわが家のテーブルに広がったのであった（あ、シアワセなのは私だけか……）。

スーパーでジャリパンやオキコラーメンを買う

夕食後、三越を少し覗いてからぶらぶらとホテルへ帰る。沖縄名物のひとつステーキを出す店も多いな。

〈ステーキハウス88〉という店があり（後で調べるとチェーン店だった）、店頭メニューを見るとテンダーロインステーキMが1900円、Lが2100円（ともにスープ、サラダ、ライスorトースト付き）、カツカレー780円、Aランチ（エビフライ、カツなど）1000円など幅広いラインナップだ。ちなみにAランチには〝ALL TIME〟と添え書きがあり一日中注文できるようだ。ここも入りたかったが、さすがに家族そろって2回夕食を食べるのは無理なので断念する。

代わりに、ホテルの近くで見つけたスーパーに入ってみる。

おお、地元の食材がいろいろとあるな。娘ふたりにはまたしてもブルーシールのカップアイス（バニラとチョコ）を買い、自分用にうず巻パンと土産用としてオキコラーメンのミニ5個入りを買った。

うず巻パンはロールケーキのクリームのなかにジャリジャリと砂糖が入っているもので、沖縄特有の菓子パンだ。一般には「ジャリパン」と呼ばれているらしい。このときはじめて食べたが、以降ファンになって、沖縄の物産展で見かけると買うようになった。オキコラーメンは沖縄の製パン会社がつくっているラーメンである。チキンラーメンを小型にしたような味付き麺が5つ入っていて、見た目にもかわいい。

後でとても役に立ってくれたオキコラーメン

辺戸《へど》岬で食べる「本土的」焼きとうもろこしとたこ焼き

今回のツアーにはホテルでの朝食が付いており、ハムや玉子などオーソドックスなメニューに加えて、魚のすり身の揚げ物やもずくなど沖縄的な品々もあったのはよかった。ただ、子どもたちはあまり食べていないようで、こりゃ後でまた何かを買わなくちゃならないのだろうなと思う。

かくしてツアーバスに乗り、2日目の観光がはじまった。まずは島の最北端、辺戸岬に向かう。なんだか荒々しい岬で風も強く、昔訪れたユーラシア大陸最西端のリスボン・ロカ岬を思い出すなあ。ちなみにこの岬には、「祖国復帰闘争碑」というものがあり、家族で記念撮影をした。なんでもアメリカ統治時代、本土復帰を願ってここから狼煙《のろし》を上げたそうだ。沖縄は、観光したり、街を歩いているだけで、アメリカ、日本などの「国家」の影が色濃くついてまわる。

売店を見つけたので子どもたちに聞くと、焼きとうもろこしとたこ焼きが食べたいという。ともに「本土」の屋台で食べるのとまったく変わらない味で（沖縄では本州、四国、九州、北海道などを本土と呼ぶことが多い。ある私立高校のパンフレットに「本土系大学に○○名合格！」などと書いてあって驚いたことがある）、さすがに長年「本土復帰」を願ってきた土地だなと自分勝手に納得したのだった。

名護パイナップルパークと軍隊食

続いて訪れたのは、これまた沖縄観光の定番、名護パイナップルパーク。パイナップルの形をしたカートに乗ってパイナップル畑をドライブしたり、パイナップルの試食やパイナップルワインの試飲もできて、「ザ・観光地」という感じである。こういうときは定食研究モードは頭から追い出し、ひたすら世間のお父さん同様、ぼーっとしながら付き合い、子どもたちの写真を撮る。

ひと通りのアトラクションをクリアすると、ちょっと早めにパイナップルパークの外に出た。女子3人はまだ出口前のお土産屋であれやこれやと物色中だ。

ふと目をやると、パークの前にさりげなく小型ジェット機が停まっている。おお、いいじゃん！　なんだか、「モード」に入ったな、定食じゃないけど（笑）。そばには倉庫が見え、どうやら軍関係のショップになっているようだ。店名は「オードナンス」。大砲という意味だな。かなり有名な店らしい。覗いてみると米軍の服やさまざまな装備品が売られている。

なかには〝レーション〟と呼ばれるアメリカの軍隊食の見本もあった。昨今は〝ミリ飯〟ということでちょっとしたブームになっているが、アメリカの食べ物、とくに軍隊食は沖縄の現在の食生活に強い影響をあたえてきた立役者だ。どれも素っ気ない包装だけど、いろいろなバリエーションがあるな。第2次世界大戦時は缶詰、煙草、粉末スープなどが入った小箱だったが、現在ではチキン、ポーク、ビーフなどの肉料理そしてライス、ヌードルなどの入ったレトルトパウチ、クラッカー、スプレッド（クラッカーなどに塗るペースト状の食べ物）、キャンディなどの甘味、粉末飲料などがセットになって袋に入っている。

ここはひとつ買っていこうと思って店の人に尋ねると、現在すべて売り切れとのこと。残念。価格帯はだいたい1000円前後のようだ。代わりに軍事用のポッキリ折ると光るライト（夜店などで売られ、よく子どもたちが腕に巻いているアレの仲間）を買った。

「おにぎり、温めますか？」

まだ少しだけ集合時間までに時間があったので、「オードナンス」の隣にある〈ファミリーマート〉を見学することに。たこ焼きととうもろこしだけでは、娘たちがまた「おなか空いた」と言いだしかねないので、シーチキンのおにぎりを買っておこう（ツナマヨのおにぎりを彼女たちはよく食べる）。今日からは昼食はツアーに含まれていないのだ。

飲料コーナーを眺めていると、えっ、森永ヨーゴがあるじゃん！　沖縄のローカル乳酸菌飲料だ。乳酸菌飲料や乳飲料は全国にローカルなブランドがあってじつに楽しい。かくいう私も四国で、子どものときから「らくれん」のホームアップというクリームソーダを飲んで育った。うきうきしながらレジに向かうと、店の人から「おにぎり、温めますか？」と聞かれる。噂では、沖縄にはおにぎりを温める文化があると聞いていたが、本当にそうだったんだ（笑）。0.5秒だけ迷い、「いや、今回はいいです」と微笑みつつ答えるのだった。

沖縄美ら《ちゅ》海水族館でタコライス

名護パイナップルパークの後は本部《もとぶ》半島を一路北上して、今回の旅のメインイベントともいえる沖縄美ら海水族館へと向かった。到着したのは14時くらいだったが、ここで夕方まで自由

見学となる。世界最大級といわれるだけあって、多くの魚が悠々と泳ぐ巨大水槽は見ごたえがある。娘たちは、ヒトデやナマコに触われるタッチプールがとくに気に入ったらしく、なかなかそこから離れようとしない。これまでいろいろな国の水族館に行ったが、美ら海のレベルは相当に高い。子どもには、見るだけでなく体験できる施設のほうが楽しいようだ。自宅から比較的近いためよく行く江の島水族館で、子どもたちが結局いちばん好きなのは水族館に隣接した無料の「なぎさの体験学習館」だったりする。

あれこれ2時間近く見学しているとおなかが空いてきた。もうすぐ16時だ。今日は朝食以降ちゃんとした食事をしていない。よし、ここで食べていくか。例の巨大水槽を眺めながら食事をすることができる〈オーシャンブルー〉というカフェが水族館内にあるのだ。

さっそく入店してメニューを広げる。おっ、タコライスかぁ、600円ね。昨今は「沖縄そば」が脚光を浴びているが、ごはん好きの定食評論家としては、むしろタコライスのほうが気になる。本来はタコスに入れるべきものをごはんの上に乗せたもので、沖縄では日常食になっている。タコスのトッピングはすなわちおかずだから、タコライスは紛《まご》うことなき定食といえよう。これはぜひ食べておきたい。

美ら海水族館には外国人観光客が多い。米軍関係の家族連れだろうか。彼らの多くもこのカフェに腰を下ろし、私と同じくタコライスを注文している。出てきたタコライスは、ジャンバラヤライスに刻んだレタスとトマトの角切りを乗せたタイプ。スパイシーなジャンバラヤとレタスのシャキシャキ、トマトの酸味が相俟《あいま》って、これはやみつきになる味だ。たしかにこれはアメリカ人が好きそうな味でもあるなと、向こうのテーブルにいるアメリカ人家族をちらちら盗み見るのであった。

思わぬオキコラーメンの宴

たっぷり18時30分まで美《ちゅ》ら海水族館で過ごし、子どもたちはお土産も買って大満足の様子。今夜のホテルは水族館からほど近いチサンリゾート沖縄美ら海（当時）。バスを降りる際にガイドさんが「このあたりには店が何もないので、夕食はホテルでとられるといいですよ」とアドバイスしてくれた（夕食はツアーに含まれていない）。まあ、そうはいってもコンビニかスーパーくらいはあるだろうと高をくくってチェックインしたが、部屋に入って窓の外を見渡すと、真っ暗な闇がどこまでも広がるばかり！　本当にホテルのまわりは何もない。

若干のショックを受けつつホテル内のレストランを見にいってみた。しかし、娘たちだけでなく私にとっても、食べたいと思えるものがない。どうしようかと妻に相談する。タコライスを食べた時間も少し遅かったし、昼に〈ファミリーマート〉で「保険」として買っておいたおにぎりとオキコラーメンもあったので、これらでしのごうということになった。

さいわいオキコラーメンはミニサイズなので、ホテルに用意されているお茶碗で食べることができそうだ。かくして、美ら海の夜はオキコラーメンの宴となったのだった。
ああ、このラーメン、香ばしくておいしいわ〜。

泡盛工場、琉球ガラスの見学、そして名護球場

翌朝はみんなが早くに目を覚ましたので、留守番の妻を残して子どもたちと3人で散歩がてら近くの公園まで遊びにいく。南国のさわやかな朝風に吹かれながら歩いていると、なんとも心地がいい。ホテルに戻るや、自分でも驚くほどもりもりと朝食を胃袋に収めていった。ああ、おいしい。ごくシンプルなブッフェ形式だったが、朝早くから外で遊んだせいか、ふたりの娘もぱくぱく食べている。

満ち足りた気持ちで今日のツアーに出発。バスは南下しつつ、泡盛の工場と琉球ガラス工房に立ち寄って見学する。途中、ローマのコロッセウムのような立派な球場の横を通り過ぎた。名護球場だ。砂浜に面しているのもおもしろい。ああ、ここは日本ハムファイターズのキャンプ地だったっけと思い出した。じつはこの後「野球」はこの旅のテーマのひとつとなるのだった。

バスに揺られて到着したのは、海水と風によって侵食された断崖絶壁で有名な万座毛《まんざもう》。迫力ある大自然の営みを間近に体感してから、北谷《ちゃたん》のアメリカンビレッジへと向かった。

ステーキ文化に触れて想う

大好きな文春文庫の『B級グルメ』もラインナップに含まれているビジュアルシリーズのなかに、『決定版　沖縄の誘惑』という本がある（1987年発行。82年発行季刊誌「くりま」の記事に再取材による書下ろしを加え構成）。当時はさほど注目されていなかった沖縄そばを徹底取材するなど、コク深い一冊だった。このなかに「沖縄といえばステーキ」というコーナーがあり、ルポを行っているのがなんと吉村昭先生。洒脱な文章でとてもおいしそうだ。なんでも輸入経路の関係で、当時の沖縄ではステーキが安く食べられたとのこと。

今や本土でもステーキは日常的な食べ物となっているが、国際通りを歩くとステーキ店は明らかに東京の町並みよりも多い。できればどこかで食べておきたいなあと思っていたら、パックツアーが美浜タウンリゾート・アメリカンビレッジへと連れてきてくれた。軍用地を転用した商業地に観覧車やイオンなどのＳＣ《ショッピングセンター》が居並び、横須賀の汐入にあるダイエーあたりと雰囲気がとても似ている。ここで〈カウディ〉というステーキハウスを見つけた。ファミリーレストランのような入りやすさに惹かれて入店する。

ちょうどランチタイムで、ステーキランチが980円（税別、以降同じ）。この値段で200グラムあるのは安いね。春の選抜高校野球の決勝戦をやっているようで、テレビから応援の大歓声が漏れ聞こえてくる。しかも戦っているのは沖縄尚学高校だ。「テレビの見える席へど

アメリカンなステーキセット。ポーションされたライスがイイネ！

うぞ」と店員さんが案内してくれた。そういえば、さっきバスを降りたときガイドのお姉さんや運転手たちがそそくさとどこかへ消えていったが、あれは高校野球を観るためだったのかと納得した。実際、沖縄の人たちは本土並みか、もしくはそれ以上に野球が好きなのだ。

ステーキランチ、目玉焼きハンバーグ（980円）、子どもステーキ（680円）などを注文。飲み物はホットとアイスのコーヒー、紅茶、緑茶が飲み放題である。アイスコーヒーをドリンクバーでグラスに注ぎ、戻ってくると頃合よくスープとサラダが到着していた。サウザンアイランドとゴマのドレッシングが用意されているが、やはり沖縄ではサウザンアイランドが今でも主流のようだ。そして机の上に置かれているのは有名なＡ１ソース。サラダはごくふつうの仕上がりだが、スープがなんとも沖縄的だ。ホワイトシチュー風で、中には角切りのビーフがゴロリ。あたかも米軍の配給食のようだね。洋食もステーキも、米軍の影響を強く受けている。

きたきた、ジュージュー音をたてつつ鉄板に乗ったステーキやハンバーグがいっせいに登場。ステーキの上には楊枝でナプキンが固定されており、脂が飛び跳ねて服に付かないようになっている。楊枝の先には牛のイラストが描かれた旗が付いていて、よく見ると「ＷＤ」や「ＭＲ」とある。「ウェルダン」や「ミディアムレア」などの焼き方を表しているんだな。こうした鉄板での提供は、横浜の〈ハングリータイガー〉なども有名だが、目の前で自分のステーキが焼けていくのを眺めていると、オレっていま贅沢なことしてるなぁ、というシアワセ感に包まれる。

ライスは花をあしらった形にポーションされていて、洋食ならではの特別感と華やかさにあふれている。往年の洋食を継承している横浜の洋食屋でも、そういえばごはんはよくこんなふうにポーションされているなと思い出した。

ナプキンを取り去ると、「スゴい肉だな〜！」と思わず口走りたくなるような分厚い肉塊が姿を現した。ミディアムレアだけのことはあって断面からはしっとりした赤い肉が覗き、肉汁がしたたっていて、口に運ぶと文句なしにうまかった。最初はＢＢＱソースをタラタラかけて食べていたが、Ａ１ソースも少しかけてみよう。ちょっとした酸味が効いていて、これはガンガン食べられるな。付け合わせはインゲンのソテーとフライドポテトで王道という感じ。それにしてもライスの量もかなりあるので全体的にすごいボリュームだ。ちなみに子ども用のステーキは90グラムだった。

かくして大満足のうちに4人とも完食。食後にホットコーヒーを飲んでいると、沖縄らしくパインのシャーベットまでやってきた。素敵なサービスに感動してしまう。会計時、レジでお姉さんに「いやあ、おいしかったですよ」と言うと、

「ありがとうございます。でも、あいにくウチ、今日で閉店なんですよ……」

「えっ！　ひょっとしてここはチェーン店ですか？」

「いや、ウチ一店だけです」

「古いんですか？」

「いや、まだ2年目でした」

むむむ。なんともタイミングが良いというべきか、悪いというべきか。沖縄でもステーキ離れがあるのかな。こういう素敵な店がなくなるのは純粋に残念だなあ。

イカの天ぷらを食べ、勝連城《かつれんぐすく》跡に行く

集合時間にはまだ時間があったので、買い物をしたり観覧車に乗ったりとアメリカンビレッジでゆっくり過ごすことができた。ひょっとすると、ツアースタッフが高校野球を少しでも長

イカの天ぷら。こんなのを毎日食べたい

く観たくてここでの滞在時間を長めに言ったのかもしれないな（笑）。結果、沖縄尚学はセンバツで優勝し、集合時に現れたガイドのお姉さんたちはものすごく機嫌がよかった。

さて、バスは与勝《よかつ》半島から海中道路を走る。おお、本当に両側が海で気持ちがいい。海中道路の真ん中に「道の駅」ならぬ「海の駅　あやはし館」があり、そこで小休止となった。こういうところでは、思わぬ掘り出し物の食べ物に出合えたりするんだよね。

あっ、天ぷらを揚げて売っているぞ。沖縄では天ぷらはおやつのような存在だと聞いていたので、これはぜひ食べてみたい。種類もいろいろあるな。「イカ」「さかな」「いも」「もずく」「日替わり」「かき揚げ」

と書かれている。もずくも気になるが、ここはイカをひとつ買おう。量り売りで、ひとつ70円。衣はサクサクで下味がついている。イカも新鮮でうまい。近所に売っていたらけっこう頻繁に通うことになる味だなと思う。

海中道路を後にしたバスは一路、世界遺産の勝連城跡をめざす。11〜12世紀の築城で、阿麻和利《あまわり》が15世紀に修築したとされ、その際の石垣が今に残っている。訪れたときは薄曇りだったこともあり、マヤのマチュピチュのような不思議な雰囲気がたちこめていた。いやあ、沖縄は奥が深いとあらためて感じ入るのであった。

〈A&W〉のカーリーフライ

勝連城《かつれんぐすく》跡を見学して本日の行程は終了。17時くらいに沖縄市の東京第一ホテルオキナワ グランメールリゾートの前でバスを降りた。高台にあるステキな建物で居心地はよく、眺めも最高なのだが、やはり町からは遠い。

今夜も部屋でオキコラーメンというわけにはいかず、ホテルのレストランで食べるしかないかと考えていると、「ホテルにくる途中、〈A&W《エンダー》〉があったよ」と妻が言う。そういえば、たしかに〈A&W〉がふもとにあったな。さいわいまだ明るいし、子どもたちが食べられそうなものだけでも買ってくるかと、単身〈A&W〉をめざして歩きだした。

ルートビアは飲みませんでした

　ホテルからふもとまでの間には大きな邸宅がいくつもあったが、内地とは建築様式が異なりコンクリート造りが目立つ。20〜30分も坂を下っていくと看板が見えてきたよ。ドアを開けると、そこはもうファストフード的な見慣れたレストランで、アメリカンな匂いが漂っていた。〈Ａ＆Ｗ〉は「ルートビア」が定番ドリンクで、店内で飲むとお代わり自由だそうだが、薬草の味が独特なのでそんなにたくさん飲めるものじゃないよね。とりあえずナゲットとポテトのセット４２０円、チキンサンド３３０円、そしてカーリーフライ２５０円でいいかな。合計１０００円。

　ホテルに戻る道すがら、〈山羊《やぎ》料理　幸〉という店を見つけた。とても気になったが、まさかひとりで山羊料理を食べるわけにもいかない。ホテルの売店で売っていた鯖寿司を大人2名の夕食として購入し、部屋に戻った。〈A&W〉でテイクアウトしてきたものは、娘ふたりがあっというまに食べ切ってしまいそうな勢いだったので、あわててカーリーフライだけ少しもらう。クルクルと渦巻き状になったポテトフライで、噛むとなぜかもちもちしておりスパイシーな味付けも独特だ。「これは他の店ではあんまり食べられないメニューだなあ」とつぶやきながらも手が止まらず、娘たちに「もうひとつだけもらっていい？」と聞くと「ダメ！」と断固拒否された。

ああ、もうひとつ買っておけばよかったなあ。

米軍住居群と沖縄ハム

早いもので、沖縄滞在も今日が最終日だ。ホテルでの朝食は、子ども用にかわいいプレートが用意されていたりカレーやポテトがあったりして、娘たちの食も進んだので助かった。

バスに乗り込んで最後のツアーに出発する。途中、延々と続く金網の向こうに画一的な住宅群が見えた。米軍関係の家々だろう。車窓を眺めているだけでも、「アメリカ」そして「アメリカ軍」が現在の沖縄を構成する抜き差しならない存在であることが身に迫ってくるのであった。今日の目玉は沖縄ハムの工場見学である。ここでは、いわゆるポーク（ランチョンミート）やミミガー（豚耳皮）ジャーキー、らふてぃ（豚三枚肉の角煮）などを買うことができる。S

ＰＡＭなどの輸入物もたくさん流通しているけれど、沖縄ハム製造の国際ランチョンミートはそれらよりもサイズが小さいのが特長で、料理にはとても便利そうだ。少し買い込む。さらに、同工場の庭にはなんともいえない牛や豚の巨大な像があり、記念撮影にはもってこいなのだった。

それにしても今回のツアーは私の行きたいところへずいぶん連れていってくれるなあ（笑）。

スーパー〈サンエー〉と松花堂定食

バスが向かった最後の目的地はＤＦＳ《デューティーフリーショップ》※2だった。ツアーでＤＦＳに寄るなんて、海外旅行にきたような気分になるね。沖縄唯一の鉄道ゆいレールのおもろまち駅に直結していて、まだ比較的新しいスポットのようだ。入ってみると、本当に海外の免税店のように買い物ができるので驚いた。ただし、購入できるのは飛行機で県外へ出る予定がある人だけ。当然我々も買えるわけだ。海外のＤＦＳ同様、アジア系を中心とした外国人観光客の姿も目についた。

ツアーはここで解散。あとは飛行機の時間までにゆいレールに乗って那覇空港まで行けばよい。ＤＦＳは少し見学したが、とくに買うものもなかったので、隣にある巨大なＳＣ《ショッピングセンター》に行ってみることにした。敷地内には昨今のＳＣでは定番といえるシネコンもあった。ここがイオンかイトーヨーカドーだったら日本中でよく見られる風景なのだが、ここにあるのは地元のスーパー〈サンエー〉なのだった。「これは楽しそうだぞ！」と家族みんなでわくわくしつつ店内に足を踏み入れた。

店のつくり自体はイトーヨーカドーなどとさほど変わらないが、沖縄にごくふつうに根付いている商品が多くて、じつにおもしろい。カートを押しながら続々と商品を買い物カゴの中に放り込んでいく。Ａ１ソース（やっぱり欲しかったので３本ほど）、うず巻パン、沖縄そば、ポークランチョン、アーサー（アオサですな）、黒糖、亀の甲せんべい、ちんすこう、ゲソの唐揚げ（つまみ系）、あまがし（琉球ぜんざい）など大収穫であった。沖縄の食材は最近でこそ東京でも入手しやすくなったけれど、やはり現地の安さにはかなわない。黒糖などはとりわけお買い得だった。

あとは、帰りの機内で食べようと、「の」というひらがなが表面に書かれた「のまんじゅう」も

ひとつ購入。熨斗《のし》の「の」、あるいは「寿」の字を崩して「の」になったといった説もあるが、ともかく首里に店を構える〈ぎぼまんじゅう〉がその発祥らしい（残念ながら私が買ったのは同店のものではなかったが）。いずれにしても、沖縄の人はあんこものが好きだよね。

近くに巨大なＤＦＳがあるせいか、〈サンエー〉にもアジア系の観光客やアメリカ人が多く、独特な雰囲気が漂っている。私たちが訪れた時期はちょうど清明祭《シーミー》だったので、そのフェアもやっていた。

清明祭はもともと中国から伝来した行事で、二十四節気の清明節に行われる。二十四節気とは季節の移り変わりをあらわすために中国で考え出された陰暦の季節区分で、清明は四月五日頃にあたる。墓前で線香を炊き、花や酒、御三味《ウサンミ》の重詰料理などを供えて祖先の供養と加護を祈願するそうだ。ちなみに沖縄の墓は亀甲墓《きっこうばか》をはじめとしてとても大きく、墓前に親族が集まって料理や酒を供えた後は、墓庭でごちそうをいただくという。重詰料理は４段重箱の２箱に白餅を15個もしくは21個ずつ入れ、残りの２箱に御三味を９品または５・７・11・13品ずつ詰める。料理の品数を奇数にするのも中国からの影響だ。中国では奇数を陽の数といい、儀礼の日取りや供え物の品数に用いる傾向が強いそうだ。また御三味とは、牛・羊・豚、あるいは豚・鶏・魚がその原型で、中国の三性（神に捧げる三種のいけにえ）が起源だとされている。今では重詰料理全般を指していい、主に豚肉・揚げ豆腐・赤かまぼこ・昆布巻《クーブマチ》・大根・カステラかまぼこ・豚肉のごぼう巻・田芋《ターンム》の唐揚げ、天ぷらなどが入るらしい。おいしそうだ。それにしても沖縄は、日本、アメリカ、そして中国の食文化がミックスされた特殊な地域なんだな、とつくづく感じてしまう。

買い物を終えたときにはもう13時に近く、お昼ごはんにしようということになった。店内の端っこにあったのが、このスーパーの外食部が運営している〈和風亭〉。名前の通り、和食を出すファミリーレストランだ。「パパ、また定食?」とブツブツ言う家族を説得しつつ、しかも、ちょっと待たされて入店する。おお、外国人の姿も多いな。なんだか、サンフランシスコあたりで和食レストランに入ったかのような気分だ。わりと広めの席に案内される。子連れでいると、座るテーブルが「広い」というだけでありがたい。

品書きを見ると、ランチメニューが選べるようだ。よし、私は「お昼の特選松花堂」という幕の内弁当的な定食にしよう。税込で924円。プラス100円で、味噌汁をうどん、そば、沖縄そばのいずれかに替えられる。沖縄そばもよかったが、子どもたちはふたりして「うどんを食べたい」と言う。待てよ、彼女たちにそれぞれ1人前のメニューを注文しても、結局そんなに食べないという可能性もあるぞ。ここは妻と私でうどん付きのセットを頼み、うどんを娘たちにあげることとにしよう(結果的にこれはかしこい選択であった)。

かくして松花堂がやってくる。これはなかなか美しい弁当だ。天ぷら、刺身、きんぴら、もずく、茶碗むしなどが並び、うどんが脇に付いている。全体的には「和風」なのだが、もずくがあったり、天ぷらがハードに揚がっていたりと、微妙に沖縄色も加味されている。娘用のうどんも少しだけ食べてみたが、これがなかなかシコシコとうまいうどんなのだった。

※2 デール・マハリッジ著『日本兵を殺した父』（原書房）を読んで、じつはこのあたりが沖縄戦における激戦「シュガーローフの戦い」の場所だったと知りガク然とした

ゆいレールと沖縄尚学高校

買い物と食事を終えた私たちは、おもろまち駅からゆいレールに乗り空港へ向かった。

このモノレールは2003年8月に那覇空港駅〜首里駅間で開業した、戦後はじめての沖縄での鉄道である。というのも戦前の沖縄には、沖縄県営鉄道（1914［大正3］年創業。沖縄県鉄道ともいう）、沖縄電気（同年創業の路面電車。33年廃止）、そして馬車鉄道などが走っていた。『日本鉄道旅行歴史地図帳12号　九州沖縄』（新潮社）を見ると、沖縄本島の南側には、サトウキビ運搬軌道も含めるとかなり鉄道網が発達していたことがわかる。

しかし、これらのなかでもっとも規模が大きく路線距離も長かった沖縄県営鉄道は、太平洋戦争の激化に伴う空襲によって45年3月末、壊滅的な打撃を受け運行を停止、廃止となってしまったのである。『日本鉄道旅行地図帳12号　九州沖縄』（前述とは異なる本。新潮社）によると、戦災のため廃止日は不明となっている。この本には非常に細かいデータが網羅されていて、

他の運行停止、廃止日はしっかり記載されているがゆえに、沖縄県営鉄道の廃止日が不明という事実の重みが感じられる。地上戦の行われた沖縄の深刻な状況が窺い知れよう。

さて、ゆいレールはとても現代的な鉄道で、そこここに新しい匂いがした。運転手の真後ろの席に座り、フロントガラス越しに家族でずっと行く先を眺めていると、いつしか那覇空港に到着。

なんだ？　到着ロビーがものすごい人だかりだ。大阪からの飛行機を待っているようだ。近くのお兄さんに「誰か有名人でもくるんですか？」と訊ねると、うれしそうに「沖縄尚学高校の野球部が帰ってくるんです！」と教えてくれた。そうか、ちょうどセンバツで優勝して帰ってくるタイミングにあたったわけだ。そうこうしていると、歓声とともに沖縄尚学のナインたちがゲートから出てきて、いっせいに割れんばかりの拍手が湧き起こる。とても温かい拍手だった。なんともいい瞬間に遭遇したものだと、旅の偶然に感謝した。

沖縄尚学を見送った後は、2階出発ロビーの〈ファミリーマート〉に入り、明治ホワイトというアイスバー(沖縄明治乳業のオリジナル商品。自分用に買ったが結局子どもが食べてしまった)、そしてジューシー（沖縄の炊き込みごはん）のおにぎり2個入りをレジに置いた。

「おにぎり、温めますか？」

店員のお兄さんが当たり前のように言う。帰りの空港でこのセリフを耳にするのは、旅の終わりに誠にふさわしいなと思いつつ、こんどは「じゃあ、温めてください」と伝えたのであった。

〈コラム〉

おすすめ沖縄定食本

沖縄旅行に出かける前はもちろん、帰ってきてからもずいぶんと沖縄の定食に関する本は漁った。読めば読むほど、沖縄における定食の豊穣と奥深さに胸が熱くなる。いつかぜひとも「沖縄定食研究合宿」を敢行し、『沖縄定食ツアー』といった一冊にまとめたいものだ。

さてここでは、沖縄の定食にまつわる本のなかで私が大いに感銘を受けた3冊を紹介する。

その他、巻末の参考文献欄に記した『決定版 沖縄の誘惑』や『うりひゃー！ 沖縄――行っちゃえ！知っちゃえ！ おまかせガイド』もすばらしい書物であることを付け加えておきたい。

『沖縄大衆食堂――オキナワ流儀のカルチャーショックなごはんたち』仲村清司＋腹ぺこチャンプラーズ（双葉社）

最初に読んだ沖縄定食本がこれだった。ポーク玉子、Aランチ、おでん、天ぷら、タコライス、チャンプルー、テビチ、中身汁など、内地とはあまりに異なるおかず体系だが、「ごはん、おかず、汁」という定食の骨格が沖縄ではまったくブレていないことに感銘を受けた。また沖縄の定食屋には座敷席があり、「ナカユクイ」という中休みできるシステム

があることも知った。ごはんを食べた後、その場でだらだらできるなんて、まさに理想の定食屋の真骨頂であろう。ナカユクイという世界観に心底しびれた私は、沖縄こそ定食屋の黄金郷《エルドラド》であると確信した。本書は、定食の種類から市井の沖縄食文化に至るまでを記した、沖縄定食の入門書としては最適な一冊である。

『なんくるないサー！――オッカーと僕とアメリカだった沖縄と』肥後克広（晋遊舎）

ダチョウ倶楽部のリーダー、肥後克広さんのお母さんはかつて、那覇で沖縄そばをメインにした〈ひさご食堂〉を切り盛りしていたという。しかし、〈ひさご食堂〉は1968年から6年間の営業で幕を閉じた。74年、本土復帰と海洋博に伴う開発のため、〈ひさご食堂〉は立ち退きを余儀なくされてしまったからだ。本書は、そんな返還前後の沖縄の雰囲気、沖縄の食堂のようすなどが、肥後さんとお母さんのライフストーリーを軸に描かれており、沖縄の人々の「リアル」が理解できる一冊といえる。店が忙しくて、子どもたちの食事がそば一色になったとき、肥後さんがお姉さんたちと一緒に「そば反対」と画用紙に書いて高々と掲げ、シュプレヒコールをあげるところなど、とてもおもしろい。当時テレビでやっていた学生運動の真似をしたそうだ。実際にはもう少し前の時代だが、私も母親が「近所の子どもが安保反対！　とデモ行進をして遊んでいたよ」と言っていたのを思い出した。

『沖縄の食堂――満腹101軒』（ダイオキ）

町田の新古書店で偶然見つけて購入した。文庫本サイズでオールカラーとなっている。

那覇はもちろん、沖縄本島のさまざまな定食屋が、店舗写真、紹介文、おススメメニュー、値段、定食の写真などで紹介されており、実用的なだけでなく、ずっと眺めているだけでも飽きない。改めてページをめくっていると、ああ、沖縄の定食にまたチャレンジしたいなあという思いがふつふつと湧き上がってくる。ちなみに、本書は「タウン情報おきなわ倶楽部」の別冊で、私の持っているものは２００２年発行のものだ。

おわりに――

定食を伝えていった波

最後までお付き合いをいただき、ありがとうございました。

家族でアジア各国を巡ってみてひしひしと感じたのは、定食をはじめとする日本の文化は、一度にドーンと各国へと伝わったわけではなく、折々の時代性にもとづいて波のように伝播《でんぱ》していったんだな、ということだった。

韓国や台湾など、大日本帝国と強い関係性のあった国は、韓国における海苔巻（キムパッ）のように、戦前からの強い日本食の影響が今なお残っている。それと同時に、戦後、さらには1990年代以降急速に日本の外食産業が海外へ展開したことで伝わった日本食の文化、定食文化というものも、時代が新しいだけによりハッキリと存在していた。戦前に主流だった薄っぺらいカツではなく、〈新宿さぼてん〉のような分厚いとんかつが彼の地でも主流となっていることなどはその一例だ。

このような近年の「波」は、商社や現地の別会社との共同展開によるケースもあるが、日本の外食産業が直接現地で展開する場合も少なくない。その提供のしかたも、現地用にアレンジすることなく、日本のものをほぼそのままメニューとして販売しているケースが目立つ。アジア各国の人々はそれをある種のファッションとして、また、素直においしさに惹かれて食しているのだ。さらに、日本の外食産業はあくまでも国内と同じように提供すべく努力をしているのだけれど、実際に現地では、細かいところで日本のものと「ずれ」が生じているところも非常におもしろい。その「ずれ方」も街によって微妙に異なっており、そこには街や民族の個性が浮かび上がっていて、本当に興味深かった。

場合によっては、戦後のより早い時期から展開されている日本の食べ物もあるので、時を経て複数の「波」がアジア諸国に広く届いてきたことになる。日本に由来する「定食スタイル」の伝播は、おそらく欧米やその他世界の各国についても同じような形を取っているのではないだろうか。

今後も、さまざまな顔貌を見せる食文化の豊かなアジアにおいて定食研究を続けていくつもりだが、アジア以外の国々、とりわけ南北アメリカや南洋諸島でも「大日本定食」を研究していきたいと思っている。なぜなら、そこには日本から熱い思いを胸に海を越えた移民たちが存在する、もしくは、してきたからだ。そんな思いを胸に、本書を終えたい。

参考文献

川村湊『ソウル都市物語——歴史・文学・風景』平凡社新書
鄭銀淑『韓国の「昭和」を歩く』祥伝社新書
鎌田忠良『日章旗とマラソン——ベルリン・マラソンと孫基禎』講談社文庫
黒田勝弘『ボクが韓国離れできないわけ』晩聲社
文藝春秋編『B級グルメが見た韓国——食文化大探検』文春文庫
木村幹『韓国現代史——大統領たちの栄光と蹉跌』中公新書
金昌國『ボクらの京城師範附属第二国民学校——ある知日家の回想』朝日新聞出版
今尾恵介、原武史監修「日本鉄道旅行　歴史編成　朝鮮台湾」新潮社
高崎宗司『植民地朝鮮の日本人』岩波新書
趙景達『植民地朝鮮と日本』岩波新書
文藝春秋編『B級グルメが見た台湾』文春文庫
伊藤潔『台湾』中公新書
戴国煇『台湾』岩波新書
山本武利、西沢保『百貨店の文化史——日本の消費革命』世界思想社
西牟田靖『写真で読む僕の見た「大日本帝国」』情報センター出版局

岩崎輝行、大岩川嫩『「たべものや」と「くらし」——第三世界の外食産業』アジア経済研究所
岩崎育夫『物語　シンガポールの歴史』中公新書
「週刊朝日百科137　世界の食べもの［テーマ編］17　台所と調理器具の文化」朝日新聞社
「月刊食堂」（2012年12月号）柴田書店
『地球の歩き方　シンガポール　2012～2013』ダイヤモンド社
リム・シャオ・ピン編『日本人が見たシンガポール——明治・大正・昭和（戦前）』シンガポール日本文化協会
合田一道・解説『写真雑誌が報道した大東亜戦争』恒友出版
『新潮日本文学アルバム　井伏鱒二』新潮社
松竹編『小津安二郎　新発見』講談社プラスアルファ文庫
桐山昇、栗原浩英、根本敬『東南アジアの歴史——人・物・文化の交流史』有斐閣アルマ
クーロン黒沢『香港電脳オタクマーケット』徳間文庫
高木健一、小林英夫他編『香港軍票と戦後補償』明石書店
牧野弘道『戦跡を歩く』集英社
荻野純一、久米美由紀『香港歴史散歩　摩天楼の谷間に残る史跡』日経BPセンター
山口文憲『香港旅の雑学ノート』新潮文庫
山口文憲『香港世界』ちくま文庫
山口文憲『空腹の王子』新潮文庫
山口文憲選『香港読本』福武文庫
藤木弘子『秘伝　香港街歩き術　改訂版』新潮文庫

上村幸治『香港を極める』朝日文庫
星野博美『転がる香港に苔は生えない』文春文庫
黒川真吾、田村まどか、武田信晃『ファーストフードマニア』社会評論社
文藝春秋編『決定版　沖縄の誘惑』文春文庫
アジア光俊（ねやまゆうこ・絵）『うりひゃー！　沖縄――行っちゃえ！　知っちゃえ！　おまかせガイド』知恵の森文庫
松本嘉代子『沖縄の行事料理』沖縄文化社
今尾恵介、原武史監修『日本鉄道旅行歴史地図帳12号――全線全駅全優等列車　九州沖縄』新潮社
今尾恵介監修『日本鉄道旅行地図帳12号――全線・全駅・全廃線　九州沖縄』新潮社
宮脇俊三編著『鉄道廃線跡を歩くII――実地踏査消えた鉄道60』ＪＴＢ
岡本憲之『全国軽便鉄道――失われたナローケージ物語３００選』ＪＴＢ

※その他、本文中でのみ紹介している文献もあります

今　柊二 Toji Kon

1967年愛媛県生まれ。横浜国立大学卒。定食評論家。庶民の味、市井の食文化に対する飽くなき探求心から全国各地をめぐり、安くておいしい定食をはじめとした料理とそれを提供する店の調査・研究をおこなう。『定食学入門』（ちくま新書）、『定食と文学』『定食と古本』（本の雑誌社）、『ファミリーレストラン「外食」の近現代史』（光文社新書）、『定食ニッポン』『立ちそば大全』『丼大好き』（竹書房文庫）、『定食バンザイ！』（ちくま文庫）、『かながわ定食紀行』『土曜の昼は中華街』（神奈川新聞）他、著書多数。二児の父。

定食ツアー　家族で亜細亜

2015年4月4日　第1版第1刷　発行

著　者　**今 柊二**

発行所　**株式会社亜紀書房**
〒101-0051 東京都千代田区神田神保町1-32
電　話　03(5280)0261
http://www.akishobo.com
振　替　00100-9-144037

印刷所　**株式会社トライ**
http://www.try-sky.com

Printed in Japan
ISBN978-4-7505-1426-0